领跑全球经济，

人人必看的微管理定律

武永梅——

著

中国财富出版社

图书在版编目（CIP）数据

领跑全球经济，人人必看的微管理定律／武永梅著.—北京：中国财富出版社，
2018.11

ISBN 978-7-5047-6809-4

Ⅰ.①领… Ⅱ.①武… Ⅲ.①企业管理 Ⅳ.①F272

中国版本图书馆 CIP 数据核字（2018）第 282621 号

策划编辑 谢晓绚	**责任编辑** 张冬梅 王 君				
责任印制 梁 凡	**责任校对** 孙会香 卓闪闪		**责任发行** 董 倩		

出版发行	中国财富出版社			
社 址	北京市丰台区南四环西路 188 号 5 区 20 楼		**邮政编码**	100070
电 话	010-52227588 转 2048/2028（发行部）		010-52227588 转 321（总编室）	
	010-52227588 转 100（读者服务部）		010-52227588 转 305（质检部）	
网 址	http://www.cfpress.com.cn			
经 销	新华书店			
印 刷	北京京都六环印刷厂			
书 号	ISBN 978-7-5047-6809-4/F·2979			
开 本	710mm×1000mm 1/16		**版 次**	2019 年 1 月第 1 版
印 张	12.75		**印 次**	2019 年 1 月第 1 次印刷
字 数	189 千字		**定 价**	45.00 元

前　言

我们处在一个丰富多彩的时代，企业是这个时代绚丽的明珠之一。之前，从来没有哪一个时代令"管理"成为一个让人激动不已的词。当今社会，起着决定作用的不再是冷冰冰的技术。人们在努力发展技术，战胜自然、改造自然并获得令人瞩目的胜利的同时，也发现，人类的问题远比自然的问题要难解决得多。人类的生存如此，企业的生存也如此。人是企业的主体，对人的管理是企业生存和发展的根本。

没有一个企业甘愿失败，不同的企业之所以有不同的命运，很大程度上是因为它们的管理方法不同。优秀的管理者是企业的"救世主"，能为企业带来滚滚利润；不懂管理的领导者则是企业的"杀手"，他们的出现甚至会将企业积累数年的基业毁于一旦：这就是管理的魅力。

企业管理是一门大学问。对我国企业来说，管理方式落后是长期阻碍企业发展的一大瓶颈。要完善企业管理，概而论之，有两个主要的渠道：一是总结自身发展的经验、教训，二是借鉴国外优秀企业在管理方面的成功经验。前者是一个"摸着石头过河"的探索过程，费时费力；而后者则是"拿来主义"，拿过来以后就可以洋为中用。正所谓"他山之石，可以攻玉"，学别人学得好，一样能够有较大的收获。

然而，企业管理又是一个牵涉很广的概念。我国企业和外国企业，在文化背景、经济环境、发展阶段等方面都有很大的差异，我国企业会不会学了半天，却遭遇"南橘北枳"的尴尬呢？

换一种说法来讲，我国企业应该从外国企业那里学些什么呢？

答案是"思维"。

事物的发展道路虽然各有不同，但发展的基本规律却具有相似性。国外优秀企业对企业发展进程中的一些规律的总结和认识，它们的管理思维、管理法则，是值得我国企业学习和借鉴的。这正是本书策划出版的缘起。

书中精选了 92 条管理定律，这些定律大都经过了国内外优秀企业管理实践的检验，其中绝大部分出自世界 500 强企业，是企业管理的经典法则。本书对这些定律做了深入浅出的阐述和分析，通俗易懂，可读性强。读者可以通过阅读启发思路，提高理论素养，通过其中的案例寻找差距或吸取教训、总结经验，从而提高管理水平。

希望本书的出版能为我国企业管理者活跃管理思维、提高管理水平尽一份绵薄之力。

目　录

第一章　领导者个人魅力微管理

1. 怀特定律：领导者的声望不是说出来的

◉ 内　容 ▶ 领导在群体外的声望有助于巩固他在群体中的地位，而他在群体中的地位提高了他在外界的声望。

◉ 提出者 ▶ 美国社会学家 S. 怀特。

领导的影响力来自哪里？一方面来自"权"，即管理者所处的职位本身具有的权力，如奖赏权、惩罚权。那些缘于职位的影响力往往体现在员工的"口服"上，尽管他们可能有不同的意见，心理上往往没有很强的认同感，但他们至少会在表面上认可领导的想法。在这种情况下，员工主要是按部就班地行动。另一方面来自"威"，即管理者的个人影响力，如人格魅力、丰富的经验、卓越的工作能力、良好的人际关系。这种影响力往往使员工发自内心地支持领导的决策，很好地领会领导的意图。在执行上员工有更多的创造性，并极力实现目标。

☀ 微案例

英特尔在创立之初就非常强调"纪律"，处处都有清楚的规定。早上的上班制度就是最好的例证。当时的硅谷，在很多IT（互联网技术）企业里，每个人的上下班时间几乎可以说是自由的，根本没有人管员工是几点钟到的。而在英特尔，上班时间从早上8点整开始，8点01分以后才来报到的同事，就要在"英雄榜"上签名，背负迟到的"罪名"。即使你前一天晚上加班到半夜，第二天的上班时间仍是8点。

英特尔要求员工准时上班最主要的目的，是希望确保每件事能够准时开始，像公司会议、报告、专案进度以及最重要的交货时间等。英特尔特别重视团队合作，任何一个不守时行为都会影响团队中的其他成员，对公司资源造成浪费，因此，"准时"成为纪律要求的第一条规范。

有一次，时任公司首席执行官、上班从不迟到的葛洛夫竟也迟到了，他同样也在"英雄榜"上面签名，没有一点儿特权。他还在上头加注"没有人是十全十美的"，自我揶揄了一番。

2. 卢维斯定理：谦虚不是把自己想得很糟，而是完全不想自己

◎ 内　容 ▶　谦虚不是把自己想得很糟，而是完全不想自己。如果把自己想得太好，就很容易将别人想得很糟。

◎ 提出者 ▶　美国心理学家卢维斯。

管理者要善于听取基层员工的意见，以谦虚为怀，多方调整心态，多信任下属，掌握实事求是的思想路线，用联系的、全面的观点看待一切。沟通是合作的基础。管理者必须懂得运用沟通的方法，与同事进行最大限度的合作。

☀ 微案例

在丰田公司，奥田硕是一位很受员工爱戴的领导，也是丰田公司第一

位非丰田家族成员的董事长。他在任丰田公司董事长期间，有 1/3 的时间用来和公司里的 1 万多名工程师聊天，包括最近的工作、生活中的困难；另有 1/3 的时间用来走访 5000 多名经销商，听取他们的意见。

爱立信是一家"百年老店"，公司员工每年都有一次与人力资源经理或主管经理面谈的机会，在上级的帮助下制订个人发展计划，以适应公司的业务发展。公司决策者认为，一个企业要保持领先的地位，最关键的因素是要使员工的整体素质保持领先的水平。

3. 艾德华定理：有好的领导集体，才会有好的集体领导

◉内 容▶ 高级主管之间如果不能互相信任，任何集体领导都不会有好的效果。

◉提出者▶ 英国 BL 有限公司前总裁 M. 艾德华。

在一个组织内，如果领导之间的合作没有处理好的话，组织的命运就令人担忧了。有好的领导集体，才会有好的集体领导。艾德华定理从领导的角度入手，去解决管理中的根源性问题，许多复杂的问题也因此得以简化。在领导的逐级带动下，组织内部各级都正常运行，还可大大减少各级主管之间尔虞我诈、明争暗斗的可能性，让各级主管精诚团结，为组织的发展提供一个纯净的空间。

☀ 微案例

沃尔玛为什么能够从一家小公司逐步发展成美国最大的零售连锁集团呢？在沃尔玛超市里，所有经理都会佩戴镌刻着"我们信任我们的员工"字样的纽扣。在该公司，所有的员工都被称为合伙人，同事间因信任而达到志同道合的合作境界。最好的主意来自这些合伙人，把每个创意推向成

功的，也是这些相互信任的合伙人。

4. 克里奇定理：没有不好的组织，只有不好的领导

◎内　容▶　没有不好的组织，只有不好的领导。

◎提出者▶　美国军事家克里奇。

领导是一个组织的塑造者，具有领导魅力是领导艺术的最高境界。领导魅力是无形的，主要表现为对周围环境及下属的影响力与感召力。一个有魅力的领导能吸引更多的追随者；但有魅力，不等于讨人喜欢。其实，一个成功的领导也有各式各样的个性和魅力。《财富》发布的世界 500 强排行榜中的许多公司的 CEO（首席执行官）都被部下描绘为"令人乏味"甚至"令人讨厌"，但这并不妨碍他们成为优秀的领导。

作为领导，你用不着找个最成功的领导然后设法去模仿他。因为对你而言真正有效的领导风格是你发挥个人的魅力所形成的领导风格。因此，要想使自己优秀，领导必须不断地加强自身的素质修养，提高个人的领导魅力，增强非权力性影响力，从而提升领导水平。

提高领导个人魅力的有效途径有以下几种：

（1）有独特的个人风格。要成为超越他人的领导，就必须具备特有的个人风格，具有使下属仰慕你、追随你的吸引力。

（2）必须具有责任感。任何时候，领导都要勇于承担责任，不能找任何借口，因为你是领导！面对已经出现的问题，如果你说"这不是我的错""那是他的责任"之类的话，你绝不是一个合格的领导。

（3）要一身正气。正所谓"其身正，不令而行；其身不正，虽令不从"，领导品行好，行得正，坐得直，才能让员工信服。

（4）善于自我省察。出现问题时，许多领导总爱在员工身上"开刀"，而不是进行自我反省，他们不分析产生问题的根本原因，最终导致问题得不

到有效解决。所以，领导要每日"三省其身"，不断提升自己，为员工树立榜样。

（5）对员工一视同仁。在工作中，领导不仅要学会公平地评价员工，合理分配工作，更应当学会论功行赏。领导只有"一碗水"端平，才能树立威信。

世界上没有十全十美的人，同样也没有十全十美的领导；但我们会遇到一些在某一时期对某一组织而言也许是"完美"的领导。

领导也许只是在合适的时间坐在了合适的位置上。就是说，他们认识到了组织在某一时点上获得成功所需要的因素。

☀ **微案例**

"刺头"员工很大一部分都是职业水平很高的员工。在日本理光株式会社这个国际一流的光学仪器企业里，可以说是人才济济。然而，领导层却决定选用争强好胜、经常和下属发生冲突的市村清作为总经理。

市村清被员工私下里称为"刺头"。任命他当总经理的消息一经公布，在理光株式会社上下引起了轩然大波。市村清并没有被困难吓倒，他上任后大刀阔斧地开展工作，依旧得理不饶人，而且经常与下属发生争吵和摩擦。员工有的不服，有的嫉妒，有的干脆采取不合作的态度。

市村清的内心非常痛苦，他知道自己的身份变了，不能再像过去那样，可是这种直来直去的性格老是改不掉。怎样做一个大公司的总经理才算合格呢？他决定去拜访一位前辈。

一天，他毕恭毕敬地坐在前辈面前请教："您说，像我这样性格刚烈的'刺头'，是不是不适合当领导？"

"难道你想变成一个八面玲珑、见风转舵的人吗？"前辈一针见血地问道。

"我想是的，这样可能会好一些。"市村清小心地答道。

"不行，那绝对不行！"前辈严肃地说，"如果你磨去棱角，真的变成一个处事圆滑、客客气气的人，那你就和别人没有什么区别了，你就不是市村清了。与其谨慎地纠正缺点，还不如勇敢地发挥长处，这才是增强领导能力的上策。"

接着，前辈又为市村清做了一个形象的比喻，他说："你就像日本的一种糖球儿，浑身是棱角，还有许多小坑；如果把棱角磨去，是可以变成一个圆糖球儿，但那是个小糖球儿。如果随着年龄的增长，你的知识和阅历不断丰富，你把自己的缺陷之坑填满，你就会变成一个更大的糖球儿，即成为一个成熟的领导，那么你和普通员工的素质差别就更大了。"

前辈的一席话使市村清豁然开朗。回到公司后，他感到干劲更足了，魄力更大了。在担任总经理的日子里，他把理光株式会社经营得有声有色，而自己也逐渐成长为一名出类拔萃的领导。后来，市村清被提升为理光株式会社社长。

5. 蓝斯登定律：去做你下级的朋友吧，你会获得更多快乐

◎内　容▶ 给员工提供愉快的工作环境，因为愉快的工作环境会使人称心如意，会使人工作得特别积极；而不愉快的工作环境只会使人内心抵触，从而严重影响工作效率。

◎提出者▶ 美国管理学家蓝斯登。

很多公司的管理者比较喜欢在领导岗位上板起面孔，摆出一副"父亲"的模样。大概他们觉得这样才能赢得下属的尊重，树立起自己的权威，从而更方便管理。其实，这是走入了管理的误区。现代人的平等意识普遍增强了，板起面孔并不能真正树立权威！放下你的尊长意识，去做你下级的朋友吧，你会获得更多的快乐，也将使工作更具效率、更富创意，你的事业也终将辉煌！你给员工快乐的工作环境，员工给你高效的工作回报。

微案例

亨利·海因茨创办了亨氏公司。这是美国的一家有世界级影响力的超级食品公司，它的分公司和食品工厂遍及世界各地，年销售额在60亿美元以上。

亨利1844年出生于美国的宾夕法尼亚州，很小就开始做卖菜的生意。后来，他创办了以自己的名字命名的亨氏公司，专营食品业务。由于亨利善于经营，创办公司不久，他就得到了一个"酱菜大王"的称号。到了1900年前后，亨氏公司能够提供的食品种类已经超过了200种，成为美国颇具知名度的食品企业之一。

亨氏公司能取得这样的成功，与亨利注重在公司营造融洽的工作气氛有密切关系。当时，管理学泰斗泰勒的科学管理方法盛极一时。在这种科学管理方法中，员工被认为是"经济人"，他们唯一的工作动力就是物质刺激。所以，在这种管理方法中，业主、管理者与员工的关系是等级森严的，毫无情感可言。但是，亨利不这样认为。在他看来，金钱固然能促使员工努力工作，但快乐的工作环境对员工的工作积极性的促进作用更大。于是，他从自己做起，率先在公司内部打破了领导与员工等级森严的关系：他经常到员工中去，与他们聊天，了解他们对工作的想法，了解他们的生活困难，并不时地鼓励他们。亨利每到一个地方，那个地方就谈笑风生、其乐融融。虽然他身材矮小，但员工都很喜欢他，工作起来也特别卖力。

有一次，他外出旅行，但不久就回来了，这让员工很纳闷。于是有个员工就走上前去询问原因。亨利略带失望地说："你们不在我身边，我感觉没啥意思！"接着，他安排几名员工在工厂中央摆放了一个大玻璃箱——在这个玻璃箱里，有一只巨大的短吻鳄。

亨利面带微笑地说："怎么样，这家伙看起来很好玩吧？"当时，如此巨大的短吻鳄并不常见。围拢过来的员工在惊愕之余都高叫着有趣。亨利接着说道："我的旅行虽然短暂，但这是我最难忘的记忆！我把它买回来是希望你们能与我共享快乐！"

6. 托利得定理：宽容不仅是给别人机会，更是为自己创造机会

◉内　容▶ 测验一个人的智力是不是上乘的，只需看其脑子里能否同时容纳两种相反的思想，而无碍其处世行事。

◉提出者▶ 法国社会心理学家托利得。

一个企业的领导者的心胸应宽广，能够容纳百川。但心胸宽广并不等于做"好好先生"，也不等于不得罪人，而是设身处地地替下属着想。这样的领导者不是父母官，却称得上是一个修养颇高的领导者。人非圣贤，孰能无过？很多时候，我们都需要宽容，宽容不仅是给别人机会，更是为自己创造机会。同样，领导者在面对下属的微小过失时应有所容忍和掩盖，这样做是为了保全他人的体面和企业的利益。

☀微案例

1947 年的一天，一位中年人走进托马斯·约翰·沃森的儿子小沃森——IBM（国际商业机器公司）第二任总裁的办公室，他瞧了一眼小沃森，毫无顾忌地嚷道："我没有什么盼头了，销售总经理的差事丢了，现在干着没人干的闲差事……"

这个人叫伯肯斯托克，是 IBM 公司未来需求部的负责人。他是当时刚刚去世的 IBM 公司第二把手柯克的好友。因为柯克与小沃森是对头，伯肯斯托克心想：柯克一死，小沃森肯定不会放过自己，与其被人赶走，不如主动辞职，图个痛快。

伯肯斯托克当然知道小沃森与他的父亲一样，脾气暴躁，也很要面子。假如哪位职工敢当面向他发火，那么，其结果就不言而喻了。

奇怪的是，这次小沃森显得非常平静，脸上还有一丝笑意。

伯肯斯托克有点儿紧张了。不是因为害怕，而是有点儿摸不着头脑了。

"如果你真行，那么，不仅在柯克手下能成功，在我父亲、我手下也能成功。如果你认为我不公平，那么你就走；否则，你应该留下来，因为这里有许多机遇。如果是我，现在的选择就是留下来。"

"我刚才的话你没有听见？"

小沃森没有回答，好像真的没有听见。

实际上，小沃森想尽力挽留面前的这个人。

事实证明，留下伯肯斯托克是正确的。伯肯斯托克是个不可多得的人才，甚至比刚去世的柯克还精明能干。在促使 IBM 从事计算机生产方面，伯肯斯托克的贡献最大。当小沃森极力劝说父亲及 IBM 的其他高级负责人赶快投入计算机行业时，公司总部里的支持者相当少，而伯肯斯托克则全力支持他。

伯肯斯托克对小沃森说："打孔机注定要被淘汰，假定我们不觉醒，不尽快研制电子计算机，IBM 就要灭亡。"

小沃森相信他说的话是对的。

小沃森联合伯肯斯托克，为 IBM 立下了汗马功劳。

小沃森不但挽留了伯肯斯托克，后来，还提拔了一批他并不喜欢，但有真才实学的人。

7. 吉尔伯特定律：人们喜欢为他们喜欢的人做事

●内　容▶　人们喜欢为他们喜欢的人做事。

●提出者▶　美国管理学家瑟夫·吉尔伯特。

一个企业的领导者，就如同军队的统帅一样，他凭什么让自己的部属信服自己、听自己的号令呢？是靠权力、金钱吗？当然不是。真正卓越的领导者，拥有一种权力和金钱影响外的能力，即一种能让人钦佩、信服的人格魅力，以此来感召自己的手下。

俗话说："士为知己者死，女为悦己者容。"我们每一个人都倾向于为自己佩服、敬重的人效力，而且往往是不计得失的。不要小看领导者的人格魅力，对于企业的发展而言，那是一种强大的推动力。

一个富有人格魅力的企业家，对于营造融洽的团队氛围、提高公司的运营效率，以及提高公司的影响力，都起着至关重要的作用。尤其是在企业发展的初期，由于企业机制尚不完善，领导者的人格魅力所起的作用就更加突出了。

在影响人格魅力形成的各种因素中，有一些因素似乎是与生俱来的，但更多的因素需要依靠后天的修养。那么，对于广大的企业管理者而言，应该从哪几个方面着手来提高自身的修养呢？有人曾用以下四句话对此做了一个很好的总结：

第一句：公道正派，靠无私无畏的品质感染人。

第二句：以身作则，凭扎实过硬的作风令人信服。

第三句：心胸坦荡，以海纳百川的气度厚待人。

第四句：善解人意，用坦诚亲切的情感团结人。

一个企业管理者，如果能长期在以上四个方面努力，不断增强自己的人格魅力，这无论是对企业而言，还是对企业管理者本人而言，都将是一笔无法取代的财富。

微案例

这位企业家，既不是名校毕业的高才生，也没有海外留学的经历，更不是任何专业领域的学者、专家。中学时期，他的成绩在班上只能算是中游，他高考考了三次才勉强考上了一所师范大学。毕业后，他成了一名英语教师，月工资只有 89 元。最惹人关注的是他的相貌，用《福布斯》上的话说，他"颧骨高凸、头发卷曲、露齿欢笑、顽童模样、5 英尺（1 英尺 ≈0.30 米）高、100 磅（1 磅 ≈0.45 千克）重"。这样看来，他的长相确实有点儿"对不起"观众。

他，就是马云，全球知名电子商务企业阿里巴巴的 CEO（首席执行官），一位不懂 IT（信息技术）的 IT 英雄。

再让我们来看看他的手下都是些什么人物：

CFO（首席财务官）蔡崇信，耶鲁大学法学博士，曾任著名风险投资公司 Investor Asia Limited 的副总裁，1999 年加入马云的创业团队。

CTO（首席技术官）吴炯，雅虎公司的技术专利发明人，2000 年加入阿里巴巴。

COO（首席运营官）关明生，曾是美国通用电气公司的资深高管，2001 年加入阿里巴巴。

上述几位在加入阿里巴巴前，都是各自领域的重量级人物。是马云用高薪把他们"挖"过来的吗？答案是否定的。以蔡崇信为例，他当年放弃了七位数的高额年薪来到阿里巴巴时，拿的月薪是多少呢？500 元！当蔡崇信主动提出加入阿里巴巴的时候，连马云也觉得不可思议。吴炯、关明生等人也是自愿放弃了高薪职位，加入阿里巴巴的，和马云并肩打天下。

阿里巴巴的成功，自然离不开马云的眼光和智慧，但他的人格魅力也起着非常重要的作用。有人这样形容马云："你来了，你看到了他，你就被他征服了。"对此，除了用"人格魅力"这个词以外，我们还能有其他的更好的解释吗？

关于马云的人格魅力，研究者有过不少总结。他是一个有理想和追求的人，也是一个有能力去实现自己理想和追求的人。在别人眼里，马云是个狂人，但是他的狂言基本都实现了，这点不得不让人佩服。更重要的是，在马云的身上，我们很难发现哪怕一点点虚荣心。他总是坦然面对自己的失败和缺陷，连自己的长相也在他的自嘲之列，以至于有了那句流传甚广的名言："男人的能力与长相是成反比的。"

领袖气概、平民气质为马云赢得了很高的人气。现实中，确实有很多人都是先了解了马云，再去了解阿里巴巴的。很多新生代的 IT 精英也正是被马云的人格魅力吸引才进入阿里巴巴谋求发展的。

8. 韦特莱法则：成功者所从事的工作，是绝大多数人不愿意去做的

● 内 容 ▶ 成功者所从事的工作，是绝大多数人不愿意去做的。
● 提出者 ▶ 美国管理学家 D. 韦特莱。

韦特莱法则讲的是一个通俗易懂的道理，每个人都能明白，但很少有人能做到。正如每个人都梦想成功，但很少有人将梦想付诸行动。韦特莱法则对大多数人是一种鞭策，对成功者更是一种激励，大多数人需要改变自己的行为，成功者则需要沿着成功的路继续前行。

韦特莱法则告诉我们创新就在我们身边，成功距我们仅一步之遥，关键在于我们是否能留心观察，并用我们的信心、勇气和恒心及时、有效地付诸行动。管理者要先有超人之想，后有惊人之举，并做到不落俗套，就可以不同凡响。

☼ 微案例

林肯就是一个成功运用韦特莱法则的领导者。美国内战结束后，法国记者马维尔去采访林肯，他问道："据我所知，前两届总统都想过废除黑奴制度，《解放黑奴宣言》也早在他们那个时期就已被草拟，可是他们都

没拿起笔签署它。请问总统先生，他们是不是想把这一伟业留下来，让您成就英名？"林肯答道："可能有这个意思吧。不过，如果他们知道拿起笔需要的仅仅是一点儿勇气，我想他们一定非常懊悔。"

马维尔一直都没弄明白林肯这句话的含义。

林肯去世50年后，马维尔才在林肯致朋友的一封信中找到答案。林肯在信中谈到自己幼年时的一段经历：

> 我父亲在西雅图有一处农场，农场上面有许多石头。正因如此，父亲才得以以较低的价格买下它。有一天，母亲建议把上面的石头搬走。父亲说，如果可以搬，主人就不会卖给我们了，它们是一座座小山头，都与大山连着。有一年，父亲去城里买马，母亲带我们在农场里劳作。母亲说，让我们把这些碍事的东西搬走好吗？于是我们开始挖那一块块石头。不长时间，我们就把它们给弄走了，因为它们并不是父亲想象的山头，而是一块块孤零零的石块，只要往下挖1英尺，就可以把它们晃动。

读到这封信的时候，马维尔已是76岁的老人了。就是在这一年，他正式下决心学汉语。据说3年后的1917年，他曾在广州以流利的汉语与孙中山对话。

9. 本特利论断：领导者要找到"心有灵犀一点通"的感觉

◎内　容▶ 领导并不是个别领导者的事务，从根本上说，它是集团的事务。

◎提出者▶ 美国政治学家阿瑟·本特利。

任何一个企业要成功，必须有一个团结协作的组织或群体来共同达成目标。这是不容否认的事实。一个真正高效的团队，应该看起来就像一个人一样，"身体"每一部分的配合与协作都自然随意、恰到好处。要做到这一点，领导者必须要有集体意识，与下属培养默契，找到"心有灵犀一点通"的感觉。

团队的领导者，固然要让每位成员都能拥有自我发挥的空间；但更重要的是，领导者要用心培养大家破除个人主义，形成协调一致的团队默契，同时，努力使成员了解取长补短的重要性。毕竟，合作才会产生巨大的力量。

要建立一支高效率的团队，不可能一蹴而就，但是，你如果能够在以下措施的基础上持续努力的话，一定可以早日实现自己的愿望：

（1）对建立团队保持正面、认同的态度，把伙伴当成珍贵无比的"资产"来看待。

（2）融入你的组织之中，和成员打成一片，改变"我是领导，听我的命令做事"的作风，包容、欣赏、尊重成员的个性。

（3）确信每一位成员都愿意与他人形成一个团队，尽量让伙伴们共同参与，设定共同的目标，并一起参与讨论重大问题的解决方法，使组织内的每位成员都明白建立团队观念的重要性。在公平的基础上分派任务、分配报酬。

☀ 微案例

联邦快递是全球创立较早、规模较大的速递运输公司之一。目前，它向包括中国在内的220多个国家及地区提供24～48小时、门到门的快递运输服务。有统计显示，联邦快递每个工作日运送的包裹超过320万个，每年运送的包裹总价值达到600多亿美元，全球拥有13.8万多名员工、5万多个投递点、671架飞机和4.1万多辆车，并且通过互联网与全球100多万个客户保持密切的电子通信联系。

如此繁杂的业务靠的就是团队成员之间的精诚合作。在联邦快递遍布全球的物流网络上，有成千上万个团队，如负责销售的 Sales 团队、负责收派件的 Courier 团队、负责分拣的 Service agent 团队、负责客户服务的 800 团队、负责调度的 Dispatch 团队，以及负责技术和航空运输的团队，等等。这些团队的成员每时每刻都在高度负责地传递着客户的包裹。如果某个环节出现纰漏或失误，就可能给下道工序造成连锁并且成倍的压力，甚至可能给客户造成无法挽回的损失。用联邦快递员工的话说就是："与时间做斗争，而且要求准确无误。"毫无疑问，这种环环相扣、时间连续、跨越区域的业务，没有一支庞大的、精诚合作的团队是无法实施的。

凭借这种巨大的团队力量，联邦快递获得了令人瞩目的成就。2004年，联邦快递公司被《财富》杂志评为 2004 年度"全球十大最受推崇公司"之一。正如联邦快递的创始人弗雷德·史密斯所说："能够得到尽可能多的人的合作是创业成功的第四条秘密。"

10. 凯特寇德定律：要想下属对你忠心耿耿，你一定也要做到忠诚于下属

◉ 内　　容 ▶ 忠诚起自上层。

◉ 提出者 ▶ 英国德尔塔工业金融公司前总裁 L. 凯特寇德。

每个老板都希望自己的员工忠诚、敬业、服从领导。对于他们而言，员工对公司必须绝对忠诚，老板在经营管理过程中会反复地向员工传播和灌输这一理念。"忠诚"如同"信任"一样，从来都是双方互相给予、共同呵护的。无论是强势一方的严格要求，还是弱势一方的苦苦请求，都不可能得到忠诚。社会在进步，时代在发展，人们的观念也在悄悄地发生着变化，要想成为一名合格的领导者，就要尝试着对下属忠诚。

要做一个对下属忠诚的领导应做到以下几点：

第一，自己要有一定的业务水平，尊重知识，尊重人才。作为领导，你不可能是专才，但一定要是个通才，要有统领全局的本领。对业务、工作人员的情况要了解。对一些专业性强的工作，要谦虚请教你的员工，他们不是通才，可一定是专才。不要不懂装懂、胡乱指挥，搞得下属无所适从。

第二，要有吃苦精神，带头努力工作！不要老摆出一副领导的架子，把自己抬得高高的，生怕别人不知道你是领导。要知道领导的威信不是自己摆出来的，而是靠自己的实力打拼出来的，是大家尊敬出来的；口碑不是自己说出来的，而是大家根据你的业绩赞美出来的！

第三，作为领导要行得正。要想下属对你忠诚，你就要给下属忠诚的理由和机会，你要有敬业精神，忠于自己的职业和岗位。试想，如果你整天不在公司，员工很少在公司看到你，他们就会失去努力的动力，更谈不上对你的忠诚。

第四，作为领导，你不仅要有敏锐的洞察力，还要有勇于承担责任的气魄，这样下属才会放心大胆地跟着你做事。不能有利就上，遇麻烦就推辞，不能让下属有做得越多、挨批评就越多的抱怨，不能让下属吃苦流汗还流血！否则只会造成事事无人做、效率低下的后果！导致你孤立无援，下属则对你阳奉阴违！

微案例

一只名叫欢欢的小狗找工作，辛苦了好多天，却没有收获。它垂头丧气地向妈妈诉苦道："我真是个一无是处的废物，没有一家公司肯要我。"

妈妈奇怪地问："那蜜蜂、蜘蛛、百灵鸟和猫呢？"

欢欢说："蜜蜂当了空姐，蜘蛛在搞网络，百灵鸟是音乐学院毕业的，所以当了歌星，猫是警官学校毕业的，所以当了保安。和它们不一样，我没有受过高等教育，也没有文凭。"

妈妈继续问道："那马、绵羊、母牛和母鸡呢？"

欢欢说："马能拉车，绵羊的毛是纺织服装的原材料，母牛可以产奶，母鸡会下蛋。和它们不一样，我什么能力也没有。"

妈妈想了想，说："你的确不是一匹能拉着战车飞奔的马，也不是一只会下蛋的鸡，可你不是废物，你拥有忠诚。虽然你没有受过高等教育，你的本领也不大，可是，一颗诚挚的心足以弥补你的所有缺陷。记住我的话，儿子，无论经历多少磨难，都要珍惜你那颗金子般的心，让它发出光来。"

欢欢听了妈妈的话，使劲地点点头。

在历尽艰辛之后，欢欢不仅找到了工作，而且当上了行政部经理。鹦鹉不服气，去找老板理论，说："欢欢既不是名牌大学的毕业生，也不懂外语，凭什么给它那么高的职位呢？"

大象老板冷静地回答说："很简单，因为它忠诚。"

11. 刺猬法则：与员工保持一定的距离，既不会使你高高在上，也不会使你与员工互相混淆身份

◉内 容▶ 刺猬法则强调的就是人际交往中的"心理距离效应"。

◉提出者▶ 英国行为学家 L. W. 波特。

孔子说："临之以庄，则敬。"意思是说，领导者不要和下属过分亲密，要保持一定的距离。一个优秀的领导者要做到"疏者密之，密者疏之"，与员工保持恰当的远近关系，既要避免下属对自己的防备心理和紧张情绪，减少下属对自己的恭维、奉承、送礼、行贿等行为，又要防止与下属称兄道弟。这样做既可以获得下属的尊重，又能保证在工作中不丧失原则，这才是成功之道。

另外，领导者与员工保持适度距离从管理角度上讲是充分尊重每一位企业员工，并认可每一位企业员工对公司的重要性。这种做法满足人对平

等的心理需要，从而能营造出一种和谐的人际氛围。

与员工保持一定的距离，既不会使你高高在上，也不会使你与员工互相混淆身份，这是管理的一种最佳状态。距离的保持靠一定的原则来维持，这种原则对所有人都一视同仁：既约束领导者自己，也约束员工。掌握了这个原则，也就掌握了成功管理的秘诀。

☀ 微案例

法国前总统戴高乐就是一个善于运用刺猬法则的人。他有一个座右铭："保持一定的距离！"这也深刻地影响了他和顾问、智囊团的关系。在他10多年的总统生涯里，他的秘书处、办公厅和私人参谋部等顾问和智囊机构中，没有人的工作年限能超过2年。他对新上任的办公厅主任总是这样说："我使用你2年，正如人们不能以参谋部的工作作为自己的职业，你也不能以办公厅主任作为自己的职业。"这就是戴高乐的规定。这一规定出于两方面原因。一是在他看来，调动是正常的，而固定是不正常的。这受到了军队做法的影响，因为军队是流动的，没有始终固定在一个地方的军队。二是他不想让"这些人"变成他"离不开的人"。这表明戴高乐是个主要靠自己的思维和决断而生存的领袖，他不容许身边有自己永远离不开的人。只有调动，才能使自己与他人保持一定距离，才能保证顾问和参谋的思维和决断具有新鲜感。而保持一定的距离，也可以杜绝顾问和参谋利用总统和政府的名义徇私舞弊。

戴高乐的做法是令人深思和敬佩的。没有距离，领导的决策过分依赖秘书或其他某几个人，容易使智囊人员干政，进而使这些人假借领导名义谋一己之私利，最后拉领导下水，后果是很危险的。比较而言，当然是保持一定距离为好。

通用电气公司的前总裁斯通在工作中也很注意身体力行刺猬法则，尤其在对待中高层管理者上更是如此。在工作场合和待遇问题上，斯通从不吝惜对管理者的关爱；但在工余时间，他从不邀请管理人员到家做客，也从不接受他们的邀请。正是这种保持适度距离的管理，使通用的各项业务能够芝麻开花节节高。

12. 法约尔原则：凡权力行使的地方，就有责任

◎内　容▶　凡权力行使的地方，就有责任。

◎提出者▶　法国管理学家亨利·法约尔。

犯错与失职并不可怕，可怕的是否认和掩饰错误。勇于承担责任的管理者会让员工觉得是心胸坦荡、有责任心的人。因为勇于承担责任而树立起来的威信更能让员工信服，从而赢得员工的尊重和支持；否认和掩饰错误只会使自己一错再错，最终失去员工的信任。

作为企业管理者，主动承担责任体现了管理者的品格和气度。管理者不仅应该在有任务的时候勇挑重担，更要在出错的时候率先承担责任，把失误、失败的责任放在自己肩头上。

在出了问题的时候，管理者主动承担责任，而不是逃避、推诿，不但可以稳定"军心"，保持士气，还有助于找到症结，从而解决问题。即使承担了一时难以辨明或与自己无关的责任，也不要紧，因为这样既可以彰显自己的品格、凝聚人心，又可以在水落石出后，赢得员工的敬重。

不找借口、能够勇于承担责任的管理者，展现的是一种高风亮节与光明磊落的精神，不仅能获得上司的器重，更能增加自己的威望，也更易管理下属。

☀ 微案例

香港首富李嘉诚的看法更直接：员工的错误就是管理者的错误。李

嘉诚是一个待人非常宽厚的商人，十分体谅部下的难处。多年的从商经验让他懂得，经营企业并不简单，犯错是常有的事情，所以只要工作中出现错误，李嘉诚就会带头检讨，把责任全部揽在自己身上，尽量不让部下陷入失败的阴影中。他常说："下属犯错误，管理者要承担主要责任，甚至是全部责任，员工的错误就是公司的错误，也是管理者的错误。"

李嘉诚的诚恳态度令人敬佩。他勇于承担责任、不找借口推脱的习惯，要从他小时候在舅舅家打工说起。

初到香港的李嘉诚在舅舅家的钟表公司工作。他非常好强，不愿落在别人后面，做事情总是想着如何超越他人。自从进入钟表公司后，李嘉诚非常勤奋，别人休息时，他学习如何修理钟表。为了尽快提高自己的技艺，李嘉诚还专门拜了一个师傅，遇到不懂的问题就去请教师傅。师傅觉得李嘉诚不仅非常聪明，而且如此好学，所以很愿意教他。

有一次，师傅被派到外面工作，李嘉诚便自作主张地自己动手修手表。但由于经验欠缺，不但没有把手表修好，反而把手表给弄坏了。李嘉诚知道自己闯了大祸，自己不但赔不起手表，还有可能丢掉这份工作。

师傅发现李嘉诚把手表弄坏后，并没有骂他，只是轻描淡写地告诉他下次不要再犯类似的错误。同时，师傅主动找到李嘉诚的舅舅，解释说是自己一时疏忽把手表掉在地上，要求给予自己处分。师傅绝口不提李嘉诚修表的事情。这件事使李嘉诚深有感触。

本来是自己的错误，师傅却承担了下来，李嘉诚觉得过意不去，于是就向师傅道谢。结果师傅告诉他："你要记住，无论以后做什么工作，作为管理者就应该为自己的下属承担责任，部下的错误就是管理者的错误，管理者应该负起这个责任。否则，就不配当领导。"

尽管当时的李嘉诚年纪很小，不能完全领会师傅的意思，但这句话却深深地印在他的脑海里。主动为部下承担责任的管理者才是好的管理者。

13. 克里夫兰法则：凡事都亲力亲为的领导不是好领导

◎内　容▶ 高超的领导艺术的标志是，事成之后，被领导者均认为"事情是我们自己做的"。

◎提出者▶ 美国政治学家 H. 克里夫兰。

管理者是否给下属足够的自我主导的空间，反映了他的管理理念是进步的还是落后的。管理者的精力是有限的，不可能也没有必要凡事都亲力亲为。多想、多看，少说、少干，这是高明的管理者必须掌握的原则。千万不要事必躬亲。你只有站在一旁观看，才能真正实现"旁观者清"而避免"当局者迷"，才能更公正、更有效地判断是非曲直，才能真正看清哪些事情是企业应该坚持的，哪些事情是需要改进的。相反，如果一个领导不懂得授权，事事都由自己来决策和执行，那么，结果通常是一事无成。很多领导之所以陷入"越忙碌越盲目"的怪圈中，是因为他们事必躬亲，过多干涉下属的工作。因此说一个领导过多干涉下属的工作就做不好领导工作，就失去了做领导的最大资本，这绝非危言耸听。

给下属足够的自我主导空间不仅能让管理者从烦琐的事务中解脱出来，而且更能调动下属的积极性，使下属自觉地做好本来就应该做好的事情，甚至可能使下属做好原本并不会做的事情。给下属足够的自我主导空间，能让下属把自己的精力直接集中在工作成果上，而不是把所有的事情都推给领导，同时也能培养下属处理问题的能力。

对于一名优秀的管理者来说，如果他的职业发展道路是可持续的，那他的路就会越走越宽。他的职位越高，他工作起来越能得心应手，因为他已经真正懂得了如何让下属自我主导，他对企业的管理已经达到了收放自如的境界。

☼ 微案例

1926 年，日本"经营之神"松下幸之助想在金泽开设一个办事处。他将这项任务交给了一个年仅 19 岁的年轻人。松下幸之助把年轻人找来，对他说："这次公司决定在金泽设立一个办事处，我希望你去主持。现在你立刻去金泽，找个合适的地方，租下房子，设立一个办事处。资金我已经准备好了，你拿去进行这项工作吧。"

听了松下幸之助的这番话，这个年轻的业务员大吃一惊。他惊讶地说："这么重要的职务，我恐怕不能胜任。我进入公司还不到 2 年，是个新职员。我年纪还不到 20 岁，也没有什么经验……"他的脸上露出了不安的表情。

可是松下幸之助对他很有信心，以近似命令的口吻对他说："没有你做不到的事，你一定能够做到。放心，你可以做到的。"

这个下属一到金泽就立即展开活动。他每天都把进展情况一一写信告诉松下幸之助。没过多久，筹备工作都已经就绪了，于是松下幸之助又从大阪派去一些职员，就这样，年轻人顺利地开设了办事处。

第二年，松下幸之助有事途经金泽，年轻人率领全体下属请董事长去检查工作。为了表示对年轻人的信任，松下幸之助拍着年轻人的肩膀说："我相信你，你当面向我汇报就可以了。"那位年轻人非常感动，后来办事处的业绩越来越好，他圆满地完成了很多任务。

松下幸之助回忆这件事时总结道，我一开始就以这种方式建立办事处，竟然没有失败，可见要对人信赖，"权力"才能激励人。我做阵前指挥，不是真正站在前线去指挥，而是坐在社长室做阵前指挥。所以各战线要靠他们自己去作战，这反而激发起了下属的士气，培养出了许多尽职的优秀下属。

14. 电通原则：靠天才能做到的事情，靠勤奋同样能做到

◉内　容▶　若无闻一知十的睿智与才能，即须发挥闻一知一的注意力。

◉提出者▶　日本电通公司。

　　勤奋是一种可以吸引一切美好事物的天然磁石。在日常生活中，靠天才能做到的事情，靠勤奋同样能做到；靠天才做不到的事情，靠勤奋也可能做到。俗语说："勤奋是金。"

　　在这个人才辈出的时代，要想使自己脱颖而出，你就必须付出比以往任何时代更多的勤奋和努力，拥有积极进取、奋发向上的精神；否则，你只能由平凡转为平庸，最后变成一个毫无价值和没有出路的人。

　　很多人习惯于用薪水来衡量自己做的工作的价值。其实除了薪水外，还有更重要的东西值得你去追求，那就是你的人生价值。勤奋可以使你最大限度地发挥自己的潜力，在工作中积累经验，努力更新你的思维方式，使你在进取中超越自我、达到卓越。

　　如果一个人只想着如何少干点儿工作多玩一会儿，那么他迟早会被职场淘汰。享受生活固然没错，但怎样成为老板眼中有价值的职业人士，才是你最应该考虑的。一个有头脑、有智慧的职业人士绝不会错过任何一个可以让自己的能力得到提高、让自己的才华得以展现的工作。

微案例

　　在麦当劳刚刚进入澳大利亚餐饮市场时，其奠基人彼得·里奇在悉尼东部开设了一家麦当劳快餐店。当时贝尔的家离这家麦当劳店很近，他每次上学、放学都会经过那里。贝尔家很穷，他上学的学费都是东拼西凑来的。许多同学都能买很多文具和日用品，他却不能。1976 年，15 岁的贝尔

在万般无奈的情况下走进了这家麦当劳店，他想通过在麦当劳打工赚点零用钱，幸运的是，他被录用了，工作是扫厕所。

扫厕所是又脏又累的活儿，没有人愿意做。但贝尔在店里干得非常好，而且他是个眼里有活儿的孩子，很勤劳。他常常放学后就到店里，先扫厕所，接着擦地板，擦干净地板后，他还会帮其他员工翻翻烘烤中的汉堡包。一件接一件，他都细心做，认真学。

彼得·里奇非常喜欢这个勤奋的少年。没多久，里奇就说服贝尔签署了麦当劳的员工培训协议，对贝尔进行正规的职业培训。培训结束后，里奇将贝尔放在店内各个岗位上"全面摔打"。虽然一开始贝尔只是个钟点工，但他凭借自己的勤奋努力和出众的悟性，经过几年的锻炼后，很快就掌握了麦当劳的生产、服务、管理等一系列工作方法。19岁时，贝尔被提升为澳大利亚最年轻的麦当劳门店经理，这次提升为贝尔提供了更多的施展才华的机会。1980年，他被派驻欧洲，推动那里的业务，并积累了很多经验。此后，他先后担任麦当劳澳大利亚公司总经理，亚太、中东和非洲地区总裁，欧洲地区总裁，以及麦当劳芝加哥总部负责人等。2004年，贝尔被任命为麦当劳公司总裁兼首席执行官。

第二章　识人用人学问大，会者不难

15. 奥格尔维法则：如果我们每个人都雇用比我们自己更强的人，我们公司就能成为巨人公司

◎内　容▶ 如果我们每个人都雇用比我们自己更强的人，我们就能成为巨人公司。

◎提出者▶ 美国奥格尔维·马瑟公司总裁奥格尔维。

管理者的职责是招募到比自己更强的人，并鼓励他们发挥出最大的能力，为自己服务。这本身就已经证明了管理者的本事，同时管理者不费吹灰之力就可以让自己的事业大风起兮云飞扬。在这个过程中，最占便宜的还是管理者自己。企业的失败是从任用庸才开始的；同样，企业的辉煌是因任用了更优秀的人才而取得的。

管理者必须具有敢于和善于使用强者的胆量和能力。管理者要在企业内部激励、重用比自己更优秀的人才，为企业带来更强的活力，让企业变得越来越有竞争力。有些管理者之所以不愿意用比自己强的人，不是因为他们不能发现优秀的人才，而是因为他们难以克服嫉贤妒能的心理。这样的管理者总以为自己才是管理者，因此自己在各方面都应该高人一筹，一旦遇上比自己强的人才就萌生妒意，采取种种办法打压他们。

对于管理者来说，嫉贤妒能无异于自掘坟墓。古人说："师不必贤于弟子，弟子不必不如师。闻道有先后，术业有专攻。"这同样适用于管理者和员工。对那些强于自己的员工，管理者更要予以重用，使其各显其才、各尽其能，让他们安心地为企业奋斗，用他们的才华铸就企业的辉煌。

☀ 微案例

艾柯卡具有卓越的管理才能，曾担任福特汽车公司的总裁，为福特的发展立下了汗马功劳。但他的才能被公司管理者福特二世嫉妒。有一次，100多个银行家和股票分析家聚会，艾柯卡的发言受到了与会者的一致好评。没想到，这让公司管理者福特二世发怒了，因为他认为艾柯卡抢了自己的风头。

他对艾柯卡说："你跟太多的人讲了太多的话，他们还以为你是福特公司的主事者，这种情况让我太难受了。"于是，福特二世毫不理会艾柯卡的意见，而做出不再把小汽车推向市场的决定，结果使公司严重亏损。事后，他不仅对此没有做出任何解释，而且当记者向他采访这件事时，他只是淡淡地回答了一句："我们确实碰上了一大堆麻烦。"

后来，为了把艾柯卡踢出去，福特二世的手段一个接一个，先是到处散播谣言说艾柯卡早已和黑手党搅在一起了，后来发展到在董事会上直截了当地告诉艾柯卡："我想你可以离开了。"就这样，艾柯卡被福特二世无情地解雇了。

艾柯卡当时已名声在外，许多汽车公司都向艾柯卡发出了邀请信，艾柯卡最终选择了克莱斯勒。当日美国《底特律自由报》同时刊出了两个大标题，即"克莱斯勒遭到空前的严重亏损"和"李·艾柯卡加盟克莱斯勒"。两条新闻的同时出现，似乎预示了某种关系。临危受命，艾柯卡出任克莱斯勒公司的总裁。

克莱斯勒的财务状况比想象中的更遭，公司已经面临倒闭的危险，2年间，公司亏损已高达17亿美元。艾柯卡想尽各种办法应对公司的一个又一个危机。

1983年，克莱斯勒公司已经可以发行新股票了。公司本来计划出售1250万股，但是谁也没有料到，最终的发行量超出一倍。买股票的人多到得排队等候，2600万股在1小时内全被卖光了，其总市值高达432亿美元。这一年，克莱斯勒公司获得925亿美元的实际利润，创公司历史新高。

1984年，克莱斯勒公司扭亏为盈，净利润达到24亿美元，同时也成为福特公司的一个强劲对手。艾柯卡成为美国人心目中的英雄。

16. 格雷欣法则：按贡献大小定工资待遇

◎内　容▶ 两种实际价值不同而名义价值相同的货币同时流通时，实际价值较高的货币，即良币，必然退出流通领域——它们被收藏、熔化或被输出国外；实际价值较低的货币，即劣币，则充斥市场。

◎提出者▶ 英国金融家托马斯·格雷欣爵士。

格雷欣法则是货币、金融领域内的著名法则，在商业领域有一定的泛化倾向，现在也被应用于管理学领域。由于企业在薪酬管理方面没有充分体现"优质优价"原则，所以实际贡献不同而所得工资相同的职工在同一个公司工作将导致人才外流。

人们一般都认识到，人力资源素质是决定企业核心竞争力的关键性因素。如果容忍薪酬或人力资源管理的格雷欣法则继续起消极的作用，那么，在日益激烈的市场竞争中，企业将会处于不利地位。

要遏制格雷欣法则首先必须树立新的薪酬观。对所有企业来说，均须将员工薪酬的提高看作员工素质提高、企业兴旺发达的重要标志。这是因为，处理得当，薪酬提高可以启动员工素质提升与企业效益提高的良性循环。企业中有能力的人得不到他该得到的报酬，对企业来讲是很可怕的事，它必然导致企业人才外流、竞争力下降；让有能力的人得到应有的报酬，将是吸引和留住关键员工、获得较强的人力资源竞争优势的关键。

微案例

华为员工的收入分为基本工资、奖金和股权激励三部分，其中基本工资按 12 个月每月发放。奖金根据员工个人的工作责任、工作绩效及完成项目的情况而定，同时也会考虑总薪酬的情况。华为人力资源部会定期对工资数据进行回顾，并根据回顾结果和公司业绩对员工薪酬进行相应调整，以保证薪酬计划能在市场竞争和成本方面保持平衡。

2011 年，在宏观经济情况并不十分乐观的情况下，考虑到物价上涨等多种因素，华为仍实行了涨薪计划。2011 年上半年结合员工的绩效情况，华为对中基层员工的工资进行了调整，平均涨幅为 11.4%，覆盖 4 万多名员工。华为此前也多次为员工涨薪，每年的涨幅不同，但 2002 年例外，当时 IT 泡沫导致了企业倒闭潮。当年华为基层员工的工资水平没有调整，而高层主动申请降薪 10%。华为员工的总体收入在行业内是很有竞争力的。也正是因为这个原因，华为员工的流动率并不高，一直保持在每年 6%~8% 的水平上。

在华为看来，薪酬级别为 13 级、14 级的基层员工群体是公司各项业务的主要具体操作执行者，他们思想新，冲劲足，富有活力和热情，是公司未来的管理者和专家之源。刚进华为的应届生的薪酬级别均为 13 级。为中基层员工加薪增加其刚性即确定性工资的收入，是为了进一步吸引和留住优秀人才。

华为高层已认识到虚拟股对基层员工的吸引力逐年下降的情况。这也是 2013 年 1 月，华为 CFO 孟晚舟宣布给员工的奖金和分红达 125 亿元背后的原因。

除此以外，华为从 2013 年第三季度开始，将基层员工起薪上调 40% ~ 50%，将研究生起薪从 7000 ~ 8000 元上调至 10000 元，将本科生起薪从 6000 元上调至 9000 元。同时，每年中层员工末位淘汰 5%，基层员工末位淘汰 10%。华为开始实施新的"胡萝卜加大棒"策略。

任正非说："我不眼红年轻人拿高工资，贡献很大才能拿到这么高的工资，我们还要进一步推行这种新的薪酬改革。前二十几年我们已经走过了不平坦的道路，走上新道路时，就要新条件。3 个人拿 4 个人的钱，干 6 个人的活，就是我们未来的期望。这样改变以后，华为将一枝独秀。"

17. 韦尔奇原则：欲兴业，先聚才

◉内　容▶ 我的全部工作便是选择适当的人。

◉提出者▶ 美国通用电气公司前总裁杰克·韦尔奇。

现代商业的竞争，无论是技术竞争、市场竞争、信息竞争，还是资源竞争，说到底都是人才的竞争。要想在激烈的市场竞争中求生存、谋发展，就需要广泛地拥有各方面的人才。人才问题关系到一个部门、一个企业的生存与发展。

所谓人才，是指依靠创造性劳动做出较大贡献或具有做较大贡献"潜力"的人，是人群中的精英。这样的人自然不多，往往被淹没在人群之中，不容易被发现。特别是在现代化大生产条件下，社会分工精细，许多人才往往潜心研究、学习，不善于交往，不引人注意。一部分人才，特别是知识造诣很深的人才，不喜欢抛头露面、炫耀自己，相当一部分人才恃才傲物，不轻易附和，不趋炎附势，甚至对管理者敬而远之。上述各种表现确实是不可避免的客观存在，因此管理者若不进行深入调查、求访，是

不会轻易发现人才的。

人才资源是使公司有效运转的最关键的因素，是公司重要的资产，是公司最重要的组成部分。无数企业因人才聚而兴，因人才散而败。这就给了所有管理者一个启示——欲兴业，先聚才。

微案例

亨利·福特一世在提出"要使汽车大众化"的宏伟目标时，就清楚单凭自己一个人是不可能实现这样的宏愿的。于是，他在第三次创办汽车公司时，聘请了管理专家詹姆斯·库兹恩斯出任经理。为了提高生产率，福特一世聘请了有"机械化天才"美誉的沃尔特·弗兰德。弗兰德为福特公司设计了第一条汽车装配流水线，把劳动生产率提高了80倍，也让福特一世成了"汽车大王"。可是，当福特一世被冠以"汽车大王"称号后，他被胜利冲昏了头脑，变得自以为是、独断专行。他开始排斥不同意见，并宣称"要清扫掉挡道的老鼠"。为此，他先后清除了一大批为公司做出过重要贡献的关键人物，包括被称为"世界推销冠军"的霍金斯，有"技术三魔"美称的詹姆，"机床专家"摩尔根，传送带组装的创始人克朗和艾夫利，"生产专家"努森，"法律智囊"拉索，以及公司的司库兼副总裁克林根、史密斯等。

经过福特一世这一系列的行动，福特公司内生产、技术管理等方面的优秀的专家几乎全部被赶走了，这使福特公司立即失去了昔日的活力，也导致公司慢慢走向了衰落。福特二世接手公司时，公司每月的亏损已经达到了900多万美元。这就是不肯接纳人才的恶果。

福特二世接手公司后，他总结、吸取了福特一世的经验教训，不惜高价聘请了号称"神童"的"蓝血十杰"的核心人物桑顿领导的小组——"二战"时期美国空军的后勤管理小组；又任用通用汽车公司的原副总裁欧内斯特·布里奇负责福特公司的工作。布里奇精于成本分析，他给福特公司带来了通用汽车公司的几名高级管理人员，如威廉·戈塞特、路易斯·克鲁索、D.S. 哈德和哈罗德·扬格伦等。在这些人才的共同努力下，福特公司进行了一系列改革，重新焕发了生机，利润也连年上升，并推出了一种外形美观、价格合理、操作方便、适用广泛的"野马"轿车，创下了福特新车首年销售量的最高纪录，把"福特王国"又一次推向了事业的高峰。新星艾柯卡正是在"野马"轿车的开发、销售过程中表现出了非凡的才能。

但是好景不长，后来福特二世也走上了他父亲的老路，不仅专断拒谏，甚至嫉贤妒能，布里奇、麦克纳马拉等人才被迫离开了福特公司，福特二世以突然袭击的手段解雇了艾柯卡等 3 位经理，这又一次使福特公司陷入困境。最终他本人也不得不辞掉了公司董事长的职务，结束了福特家族对福特公司的 77 年的统治。

福特公司的两次兴盛，证实了"欲兴业，先聚才"的道理。没有大批人才的辅助，福特公司是根本无法取得辉煌的成绩的。福特公司的成功，源自启用优秀的人才，而它的失败亦是因为不肯接纳人才。

18. 乔布斯定律：一位出色的人才能顶 50 名平庸的员工

●内　容▶ 一位出色的人才能顶 50 名平庸的员工。

●提出者▶ 美国苹果公司联合创始人史蒂夫·乔布斯。

人才有显人才和潜人才之分。所谓潜人才，是指那些拥有某种才能，或具备了成长与发展的素质，但是由于缺乏显示的条件、机会而尚未被社会认可或取得显著成绩的人。潜人才往往不亚于甚至优于显人才，一些不可多得的人才往往就被淹没在普通人群中。才干的潜在性使发现潜人才并不是一件容易的事。这就要求管理者具有正确的思想观念、较高的管理才能和较好的道德品质修养。

第一，管理者要具有正确的思想观念。传统的、世俗的观念影响人才的脱颖而出。管理者要冲破传统的思想观念和偏见的束缚，能够透过出身、地位等外在现象而把握人才的内在本质。

第二，管理者要有较高的管理才能。高明的管理者，因为自己的才能出众，往往能在人才初露端倪的时候，先于他人发现人才的真实本领和发展前途。才干平庸的管理者，不仅搞不好管理工作，也难以发现真正的人才。因此，要想在开发人才上有所作为，管理者必须首先提高自身的素质，增长才干。

第三，管理者要有较好的道德品质修养。能否卓有成效地进行人才开发，不仅取决于管理者管理水平的高低，还取决于管理者自身的道德品质修养。

☼ 微案例

霍建宁毕业于美国明尼苏达州圣约翰大学，并取得了专业会计师资格，1979 年回到中国香港，被李嘉诚招至旗下，出任长江实业集团（长实）会计主任。他利用业余时间进修，考取了英联邦澳洲的特许会计师资格证（凭此证可去任何英联邦国家或地区做开业会计师）。李嘉诚很赏识他的才学，1985 年委任他为长实董事，2 年后又提升他为董事副总经理。此时，霍建宁才 35 岁，如此年轻就担任长实的要职，实属罕见。

霍建宁不仅是长实系四家公司的董事，另外，他还是与长实有密切关系的公司如熊谷组（长实的重要建筑承包商）、爱美高集团（中国）有限公司（长实持有其股份）的董事。传媒称霍建宁是一个"浑身充满赚钱细胞的人"。长实系的重大投资安排、股票发行、银行贷款、债券兑换等，都是由霍建宁亲自策划或参与决策的。这些项目，动辄涉及数十亿元资金，亏与盈都取决于最终决策。从李嘉诚对他如此器重和信任可知，这些项目盈多亏少。

人们常说霍建宁的点子"物有所值"，他是食脑族（靠智慧吃饭）中的大富翁。霍建宁不仅是长实的智囊，而且还充当"太傅"的角色，肩负着培育李氏二子李泽钜、李泽楷的职责。

在长实高级管理层的少壮派中，有一位名叫周年茂的青年才俊。周年茂是长实元老周千和的儿子。周年茂还在学生时代时，李嘉诚就把他当作长实未来的专业人才培养，并把他和其父周千和一道送赴英国专修法律。周年茂学成回港后，很自然地就进了长实，李嘉诚指定他为长实的代言人。1983 年，回港 2 年的周年茂被选为长实董事，1985 年，周年茂与其父亲周千和一道升为董事副总经理。当时，周年茂才 30 岁。

有人说周年茂一帆风顺、飞黄腾达，是得其父的荫庇——李嘉诚是个很念旧的人，为感谢老臣子的忠心耿耿，故而"爱屋及乌"。这话虽有一定的道理，但并不尽然。李嘉诚的确念旧，却不能说周年茂的"高升"是因为李嘉诚对他的关照。其实，最主要的一点是他自身具备了相应的实力，有足够的能力担此重任。长实的职员说："讲那种话的人，实在是不了解我们老板，对碌碌无为之人，管他三亲六戚，老板一个都不要。年茂年纪虽轻，可他是个有本事的青年呀。"

周年茂升任副总经理是顶替移居加拿大的盛颂声的缺位，负责长实的地产发展业务。周年茂走马上任后，具体策划、落实了茶果岭丽港城、蓝田汇景花园、天水围的嘉湖花园等大型住宅屋村的发展规划，顺利实施了李嘉诚的迂回包抄计划，从而以自己的能力赢得了李嘉诚的信任。于是，李嘉诚将更大的重任托付于他。他不负众望，努力扎实地工作，得到了公司上下的一致好评。周年茂虽然看起来像一位文弱书生，却颇有大将风范，指挥若定、调度有方、临危不乱，该进该弃都能较好地把握分寸，收放自如，这正是李嘉诚最欣赏的。

李嘉诚在楼宇销售方面起用了一名女将洪小莲。她在全面负责楼宇销售时，还不到 40 岁。在长实上市之初，洪小莲就作为李嘉诚的秘书随其左右，后来出任长实董事。洪小莲是长实出名的"靓女"，不仅长得漂亮，风度好，而且待人热情，做事果敢。在中国香港地产界，只要提起洪小莲，可谓无人不知、无人不晓，她被商界称为"洪姑娘"。

洪小莲的工作作风颇似李嘉诚，她不但勤奋过人，还是个彻底的务实派，就连面试一名信差、准备会议所需的饮料、安排境外客户下榻酒店等琐事，都要亲自过问。要处理日益庞杂的事务，没有旺盛的体力，没有过人的智力，没有日理万机的工作效率，是不可实现的。跟洪小莲打过交道的记者说："洪姑娘是个有本事的姑娘，是说话算数、能拍板的人。"

霍建宁、周年茂、洪小莲，被舆论界并称为长实系"三驾新型马车"。长实的地产发展有周年茂，财务策划有霍建宁，楼宇销售有洪小莲，因此，李嘉诚实现了角色转换，由管事型领导变成了管人型领导。

19. 哈巴德定理：任何机器都无法取代专家

◎内　容▶ 一架机器可以完成 50 个普通工人的工作，但是任何机器都无法取代专家。

◎提出者▶ 美国工商管理学家哈巴德。

在市场经济形势下，要想吸引更高层次的人才就需要投入更多的资本。一些企业管理者虽然也渴求人才，但不愿意支付较高的薪酬；而且，他们也会自我安慰说，没有高素质的人才，企业还不是照样运转和经营？其实，他们没有认识到高素质人才的潜在价值。这样，他们在激烈的寻才"大战"中往往难以吸引真正的"千里马"；即使寻到了称心的"千里马"，舍不得上等的"草料"也难以留住他，用不了多久，"千里马"就会跳槽离去。

在现代市场经济中，花重金聘人才是得到人才的最直接、最便利的办法。美国抢夺人才最有力的方法就是给予人才丰厚的报酬，所以美国拥有强大的科研开发能力。不可否认，用重金"买"人才是在用利益来引诱人才流动，但更重要的是这能让人才感到你重视他，觉得他的价值大，他也会由此从其他方面思考问题，会对重视他的公司产生趋近的意识。只要在以后的日子里注重继续尊重人才、爱护人才，这种用重金"买"来的人才同样是很可靠的。

微案例

森达集团在 1977 年创建于江苏建湖，但因为重视"能人"，花了不过十几年的时间就发展成了一个庞大的"森达帝国"，击败了许多原来名声显赫的国有企业，成为中国皮鞋行业中的排头兵。

一次，森达总裁朱相桂偶然得知著名的女鞋设计师蔡科钟先生莅临上海并有在那里谋求发展的意向后十分高兴，第二天即赶赴上海去见蔡科钟。经过促膝长谈和多方了解，朱相桂确信蔡先生是个不可多得的人才，打算聘用蔡先生，但蔡科钟先生要求年薪不少于 300 万元。朱相桂尽管有足够的思想准备，但听到年薪 300 万元的要求后还是吃了一惊，不过他还是下了决心聘用蔡先生。

聘用蔡先生的消息传到森达集团总部，顿时掀起了轩然大波，上上下下一片反对声：有的说，他是有能力，但年薪太高，我们的员工等于替他挣钱，不合算；有的说，以前只是听说他很厉害，但他的能力到底怎么样，他的设计适不适合客户都不好说，等他的本事显出来再谈年薪也不迟；还有的说，东河无鱼西河走，实在没必要非要聘他。但朱相桂认为，要想留住一名人才，必须给他提供有竞争力的薪酬，实行与众不同的待遇制度。他向员工解释说，公司聘请蔡先生这样的设计大师后，能够不断推出领导消费潮流的新品种，占领更大的国内外市场，使森达品牌在国内外叫得更响。

蔡先生上任后，以其深厚的技术功底、创新的思维和对世界鞋业流行趋势的敏锐感觉，当年就开发出了 120 多种女单鞋、女凉鞋和高档女鞋等新品种。这些式样各异的女鞋一投放市场，立刻成为顾客争相购买的"热货"。1 年时间内，仅蔡先生设计的女单鞋就为森达赚了 5000 万元的利润。

一些一开始认为蔡先生年薪太高的人，在事实面前连连点头，认为用 300 万元的年薪留住一个难得的人才，值得。

20. 特雷默定律：企业里没有无用的人才

◉内　容▶　企业里没有无用的人才。

◉提出者▶　英国管理学家 E. 特雷默。

知人善任是企业管理的核心，是企业全体管理者的重要工作和共同责任。企业通过外部招聘、内部培育和选拔，取得贤、能两类人才，并且将他们放在最合适的岗位上，"贤者在位，能者在职"，促使这两类人才互相补充，产生倍增效应，"才得其序，绩之业兴"。

然而在实际工作中，很多管理者却存在着误区。很多企业将培养人才的重点放在缺点的改正上，下很大功夫去加强比较弱的部分，而非尽力让员工发挥个人的专长。这样做虽然可以培养出不犯错、没有缺点的秀才型人才，却无法培养出拥有创造力和独特性的人才。此外，在改正缺点的过程中，不仅当事人觉得痛苦，在心理上产生很强的抵触情绪，而且就算达到了 100％的效果，也不过是从"负数"回到"零"罢了，付出与获得不成正比。相反，如果让一个人的优点尽量发挥出来，本来就是"正数"的部分可能产生倍增效应。二者所花费的精力也许完全相同，但效果截然不同。另外，在发挥优点的过程中当事人也会因为觉得有乐趣而产生成就感和工作动力。

管理者要注重发挥人才的长处和优势，合理使用、培育人才，形成有利于人才发展的环境，最终留住人才。这不仅是企业管理者的一项管理职能，更是企业文化的核心组成部分。企业只有发现和培养具有潜能的人才，根据人才的类型，给予区别对待，将人才放到最适合的位置上，才能有效保持企业的核心竞争力。

☼ 微案例

1990 年年初，联想遭遇了严重的人事危机——柳传志着力培养的一名年轻经理因经济问题受到了刑事处罚，当时的局势很紧张。柳传志认为，当务之急就是要找到一个既有能力又可倚重的人来主持联想的人事工作，以稳定人心。后来，擅长人事管理并有着特殊管理才能的王平生有幸加入联想，担任人事部经理一职。

一进入联想，王平生就从人心方面入手，了解到员工情绪很不好，所有人都在抱怨公司高层领导。他就对柳传志说："公司就像一口柴锅，盖子盖得紧紧的，底下还在拼命燃烧，蒸汽越来越多。如果不找到一个出口，我担心要爆。"随即，他给联想开出了一个开放"牢骚市场"的三步药方。

第一步，召开员工座谈会。目的是把大家的意见梳理出来：哪些问题需要马上解决，哪些问题目前无法解决，但要给员工解释清楚。

第二步，指出员工应该做什么。

第三步，回击那些恶意中伤的人。

接下来，柳传志连续开了 6 次座谈会，与员工进行了坦诚沟通。此药方果然灵验，公司紧张的气氛一时间得到了缓解。

王平生看到公司的规章制度几乎一片空白：人事部竟然不知道公司有多少人，财务部部长竟然搞不清公司有多少钱，库房经理也回答不出公司有多少货……针对这些不良现象，王平生建议专门成立一个小组来起草必要的规章制度。柳传志欣然同意了。很快，小组的工作取得了一定进展，1990 年成为联想历史上著名的"制度建设年"。

可以说，联想能取得这些成果，王平生的人事管理方面的才能发挥了重要作用。

21. 大荣法则：企业生存的最大课题就是培养人才

◎ **内　容** ▶ 企业生存的最大课题就是培养人才。

◎ **提出者** ▶ 日本大荣公司。

市场经济是竞争型的经济。高质量的产品来源于企业人才的素质和创造性精神。技术的差距、管理水平的差距，说到底是人才的差距。因此，高素质的人才是企业生存发展的支柱，于是培养一流的人才是企业成为优秀企业的必经之路。

要培养高素质的员工队伍，必须进行有效的培训。通过培训，员工在知识、技术、技能、道德等方面将会更好地满足企业的要求，不但能够按照岗位要求完成工作，更重要的是通过培训，员工将更深刻地领会企业的文化，把企业文化渗透到思想意识当中，进而转变为自发的行动。

要想让员工在竞争中拔得头筹，就要加强对员工的培训。培训是提升员工素质的一个重要手段：通过培训，企业不仅可以帮助新员工掌握工作所需的各项技能，使其更好地适应新环境；也可以使老员工不断补充新知识，掌握新技能，从而更快地适应工作变革和发展的要求；更重要的是，培训可以使企业管理者及时了解新形势，树立新观念，不断调整企业发展战略和提高经营管理水平。企业员工整体素质的提高，可以有效地增强企业的竞争力，高素质的员工是企业制胜的法宝。因此可以说，培训是企业获取员工素质优势的重要手段，是形成核心竞争力的重要渠道，也是企业持续发展的力量源泉。

经过培训后，员工往往能掌握正确的工作方式和方法，并在工作中不断创新和发展，当然其工作质量也能大大提高。另外，随着企业员工知识的增多、能力的提升，他们在工作中自然就能减少失误，减少工作中的重复行为。而且，培训还可以加强企业员工之间的沟通和协作，减少部门间的摩擦和冲突，增强企业的凝聚力和向心力。这些都可以大大提高整个企业的工作效率。

每个员工都渴望自己成为一个能当元帅的好士兵，希望不断充实自己、完善自己，从而使自己的潜能不断地得到挖掘和释放。因此，工作对很多员工来说，不仅仅是一份职业，也是其实现自我价值的一个舞台。所以，当企业重视并积极开展对员工的各类培训工作时，员工就会感到自己的价值被企业认可，从而产生一种强大而持久的工作驱动力，使企业始终保持高昂的士气。

微案例

优秀的人才加上良好的发展空间，这就是宝洁成功的基础。作为一家国际性的大公司，宝洁有足够的空间来让员工描绘自己的职业发展蓝图。宝洁公司是当今为数不多的采用内部提升制的企业之一。员工进入公司后，宝洁就非常重视员工的发展及对员工的培训，通过正规培训以及工作中直线经理一对一的指导，宝洁员工得以迅速地成长。

宝洁的培训特色就是：全员、全程、全方位和针对性。具体内容如下：

（1）全员。全员是指公司的所有员工都有机会参加各种培训。从技术工人到公司的高层管理人员，公司会针对不同的工作岗位来设计培训的课程和内容。

（2）全程。全程是指从员工迈进宝洁大门的那一天开始，培训的项目将会贯穿其职业发展的整个过程。这种全程式的培训将帮助员工在适应工作需要的同时不断稳步提高自身素质和能力。这也是宝洁内部提升制的客观要求，一个人到了更高的阶段后，需要相应的培训来帮助其发展。

（3）全方位。全方位是指宝洁培训的项目是多方面的，也就是说，公司不仅有素质培训、管理技能培训，还有专业技能培训、语言培训和电脑培训等。

（4）针对性。针对性是指所有的培训项目，都会针对每一个员工的长处和有待改善的地方，配合业务的需求来设计，也会综合考虑员工未来的职业兴趣和工作的需要。

公司根据员工的能力强弱和工作需要提供不同的培训。公司通过为每一个员工提供独具特色的培训计划和极具针对性的个人发展计划，使他们最大限度地发挥自身的潜力。

22. 德普雷定理：人们之所以需要工作是因为希望得到自由发挥的机会

◎ 内　容 ▶　人们之所以需要工作是因为希望得到自由发挥的机会。

◎ 提出者 ▶　美国企业家 M. 德普雷。

生养万物而不据为己有，培育万物而不自恃己能，功成名就而不自我夸耀。这就要求管理者借力而行，放手让员工自己去干，为下属搭建"舞台"，给员工充分实现个人价值的发展空间。

现代企业作为社会经济生活中最具活力的领域和组织形式，往往被员工视为展示自我、实现自身价值的最佳平台。企业管理者要在人事安排上多费心思，力求做到尽善尽美；要充分考虑员工个人的兴趣和追求，帮助他们实现职业梦想。管理者必须营造出某种合适的氛围，让所有员工了解到，他们可以从同事身上学到很多东西，并认识到与强者在一起只会让自己更强，以此来帮助员工充满激情地投入工作中去，而不是停在那里，抱怨自己的遭遇。

一个人在一个岗位上工作时间长了，就会变得麻木、厌烦和懒散。这时最好的办法是给他安排富有挑战性的工作，激发他的工作热情。其实，每个人都期望有机会证明自己。发现他的才能并委以重任，这是领导对下属的最大尊重。人们天生就有创造力，大多数人喜欢通过解决企业经营管理中存在的问题来体现自己的人生价值。

富有挑战性的工作具有如下特征：能够为员工提供展示其技术和能力的机会；能够为员工提供各种各样的任务，且有一定的工作自由度；能对员工工作的好坏、存在的问题提供反馈。

富有挑战性的工作有：复杂的工作，崭新的工作，高目标的工作，本身有重大意义的工作等。

☀ 微案例

比尔·盖茨领导的微软公司激发员工的有力措施就是为他们提供富有挑战性的工作。

堪称电脑神童的查尔斯·西蒙伊在微软的成长历程就是一个非常好的例子。

西蒙伊和比尔·盖茨除了彼此出身不同外，有着许多相似之处。1980年，西蒙伊在一个电脑大会上同比尔·盖茨和史蒂夫·鲍尔默见了面。谈话只进行了5分钟，西蒙伊就决定到微软公司工作。因为他发现比尔·盖茨所持的观点卓尔不群。他预感到自己到微软公司工作将大有作为。

进入微软公司后他发现，自己的工作空间居然没有任何的限制，他选择了最富有挑战性的工作。在1981年12月13日召开的微软公司年度总结动员会上，他成了主角。

在大会上他陈述了开发应用软件对公司发展的战略意义，还一一列举了其他公司在软件开发上已经取得的成绩，并强调，必须将公司的奋斗目标集中在尽可能多地开发各种不同的应用软件上，以便被更多的电脑使用。以他为首的开发小组已完成了一种叫作"多计划"软件的设计，并将其投入试生产中。

所有的开发工作最终都落到了刚到微软没多长时间的西蒙伊的头上，

其挑战性不言而喻。但正是这极富挑战性的工作,让西蒙伊迅速脱颖而出,使他成为微软公司的核心成员之一。西蒙伊的信心、凝聚力、战略眼光和雄才大略给所有员工留下了深刻印象。盖茨称他为"微软的创收火山",这次演讲也就被称为"微软的创收演讲"。

微软提供的舞台让西蒙伊找到了挑战自我、挑战极限的快感。在来到微软以前,西蒙伊所在的电脑研究中心与斯坦福大学合作,研究出了一种新工具——鼠标。西蒙伊研制的供施乐公司阿尔托电脑使用的字处理程序,就是第一个使用鼠标的软件。

在应用软件开发方面的初战告捷让他意识到应用软件的巨大市场前景,他产生了一个愿望:要使应用软件对微软公司的贡献超过操作系统。

西蒙伊设计的"多计划"软件未能打动当时微软的合作方 IBM 公司,却引起了苹果公司的兴趣。苹果公司从微软与 IBM 的合作中看到了这家年轻公司所蕴藏的巨大潜力。因此,它非常希望与微软结成"战略伙伴"关系。

1981 年 8 月,苹果公司总裁史蒂夫·乔布斯亲率一批干将访问微软公司。当时,苹果公司正在研制麦金托什电脑,因此,希望与微软公司合作。西蒙伊给乔布斯等人演示了"多计划",并谈了对多工具接口的全面看法。

1982 年 1 月 22 日,微软公司与苹果公司正式签订了合同。苹果公司同意为微软公司提供 3 台麦金托什电脑样机,微软公司将用这 3 台样机创作 3 个应用程序软件,即电子表格程序、贸易图形显示程序和数据库。

随着西蒙伊开发工作的不断展开,微软不仅拥有了日后得以称霸应用软件市场的 Office 系列软件,而且通过合作,从苹果的麦金托什电脑的图形化操作系统上学到了经验,推出了富有竞争性的操作系统软件 Windows。这两大法宝成了微软日后的聚宝盆。

23. 古狄逊定理：一个累坏了的管理者，是一个最差劲的管理者

◎内　容▶ 一个累坏了的管理者，是一个最差劲的管理者。

◎提出者▶ 英国证券交易所前主管 N. 古狄逊。

授权是管理者从烦琐的事务中解脱出来的最佳途径。佩罗集团创始人、董事长罗斯·佩罗说过："领导就是放权给一批人，让他们努力奋斗，去实现共同的目标。为此，你就得充分开发他们的潜能。"

一个高效的管理者应该把精力集中到少数最重要的工作中去，次要的工作甚至可以完全不去做。人的精力有限，只有集中精力，才可能真正有所作为，才可能做出有价值的成果，所以人不应被次要问题分散精力。他必须尽量放权，以腾出时间去做真正应该做的工作，即组织工作和设想未来。

合理地给下属权力，不仅有利于增强下属的积极性和创造性，而且能大大提高领导本身和团队的工作效率。这是领导的管理技巧，也是一门管理艺术。

一名管理者，不可能控制一切；你协助下属寻找答案，但不提供一切答案；你参与解决问题，但不以自己为中心；你运用权力，但不掌握一切；你负起责任，但并不以盯人的方式来管理下属。你必须使下属觉得，他跟你一样有责任关注事情的进展。把管理当作责任而不是地位和特权正是管理者能够进行真正、有效授权的基本保证。

那些事必躬亲的管理者往往会有这样的想法：自己应该主动深入到工作当中去，而不应该坐等问题发生；自己应当向下属表示自己不是一个爱摆架子或者高高在上的领导。这些想法确实值得肯定，但是管理者用不着事必躬亲，因为这样做意义不大，还会让管理者付出很大的代价。

授权给下属，不仅可以使管理者从繁忙的工作当中解脱出来，更可以

增强下属的工作积极性。这一箭双雕的手段，是每位管理者都应学会的。

✦ 微案例

北欧航空公司总裁卡尔松大刀阔斧地改革北欧航空公司的陈规陋习，就是依靠合理授权，给下属充分的信任和活动自由而进行的。

因公司航班误点而不断引起旅客投诉，卡尔松下决心要把北欧航空公司变成欧洲最准时的航空公司，但他想不出该怎么下手。卡尔松到处寻找，看到底由哪些人来负责处理此事，最后他找到了公司运营部经理雷诺。

卡尔松对雷诺说："我们怎样才能成为欧洲最准时的航空公司？你能不能替我找到答案？过几个星期你来见我，看看我们能不能达到这个目标。"

几个星期后，雷诺约见卡尔松。

卡尔松问他："怎么样？可不可以做到？"

雷诺回答："可以，不过大概要花6个月时间，还可能花掉160万美元。"

卡尔松说："太好了，这件事由你全权负责，明天的董事会上我将正式宣布。"

大约4个半月后，雷诺请卡尔松去看他们几个月来的成绩。

各种数据显示，在航班准点方面北欧航空公司已成为欧洲第一。但这不是雷诺请卡尔松来的唯一原因，更重要的是他们还省下了160万美元中的50万美元。

卡尔松事后表示，如果先对他说"好，现在交给你一个任务，我要你使我们公司成为欧洲最准时的航空公司，现在我给你200万美元，你要……"，结果怎样，你们一定也可以预想到。他一定会在6个月以后回来说：我们已经照您所说的做了，而且也取得了一定的进展，不过离目标还有一段距离，也许还需花90天时间才能做好，而且还要增加100万美元的经费。可是这一次这种拖拖拉拉的事情却没有发生。他要多少经费，就照他要的给，他顺利地就把工作做完了，也办好了。

24. 例外原则：大权独揽，小权分散

◉内 容▶ 为了提高效率和控制大局，上级只保留处理例外和非常规
事件的决定权和控制权，例行和常规的权力由部下分享。

◉提出者▶ 美国管理学家泰罗。

领导并不意味着什么都得管。正确的做法是：大权独揽，小权分散。
要做到权限与权能相适应，权力与责任密切结合，要兑现奖惩。

授权并不意味着要把自己的所有权力都下放；相反，它要讲究一定的
限度，要保持在适当的范围内。管理者在授权时要遵循"大权独揽，小权
分散"的原则，不然很容易出现下级僭越的现象。授权与控权是管理者需
要掌握的技巧。

领导者在授权的同时，必须进行有效的指导和控制。如果领导者的控
制范围过大，触角伸得太远，就难以驾驭这种控制。如何做到既授权又不
失控制呢？下面几点颇为重要：

（1）评价风险。每次授权前，领导者都应评价它的风险。如果可能产
生的弊害大大超过可能带来的收益，那就不予授权。如果可能产生的问题
由领导者本身所致，则领导者应主动矫正自己的行为。当然，领导者不应
一味追求平稳保险，一般来说，任何一项授权的潜在收益都和潜在风险并
存，且成正比，风险越大，收益也越大。

（2）授予"任务的内容"，不干涉"具体的做法"。授权时应将重点
放在要完成的工作内容上，无须告知完成任务的方法或细节，可由下属自
由发挥。

（3）建立信任感。如果下属不愿接受领导者授予的工作，很可能是
他对领导者的意图不信任。所以，领导者要排除下属的疑虑和恐惧，适

当地表扬下属取得的成绩。另外，关心下属的成长是领导者的一项主要职责。

（4）进行合理的检查。检查有以下的作用：指导、鼓励和控制。检查的程度取决于两方面：一方面是授权任务的复杂程度；另一方面是被授权下属的能力。领导者可以通过评价下属的成绩、要求下属写进度报告、在关键时刻同下属进行研究讨论等方式来进行控制。

（5）学会分配"令人讨厌"的工作。分配那些枯燥无味的或人们不愿意干的工作时，领导者应开诚布公地讲明工作性质，公平地分配工作，但不必讲好话或道歉，要使下属懂得工作就是工作，不是娱乐游戏。

（6）尽量减少反向授权。下属将自己应该完成的工作交给领导者去做，叫作反向授权，或者叫倒授权。发生反向授权的原因一般是：下属不愿冒风险，怕挨批评，缺乏信心，或者领导者本身"来者不拒"。除去特殊情况，领导者不能允许反向授权。解决反向授权的最好办法是在同下级谈工作时，让其把困难想得多一些、细一些，必要时，领导者要帮助下属提出解决问题的方案。

微案例

自 1962 年山姆·沃尔顿在美国阿肯色州开设第一家商店至今，沃尔玛已发展成全世界首屈一指的零售业巨头。沃尔玛在全球共拥有 5000 多家商店，2003 年的销售额达到 2500 多亿美元，聘请员工总数达 150 万人。连续 2 年在美国《财富》杂志公布的世界 500 强企业排名中位居榜首。其创始人山姆·沃尔顿也因此一度成为全球第一富豪。

由于沃尔玛发展得异常迅速，而且规模日益庞大，山姆不得不考虑把权力下放给区域副总裁和地区经理。将权力下放到高层之后，山姆并没有因此停止授权。他认为，公司发展得越大，就越有必要将责任和职权下放给一线的工作人员，尤其是清理货架的员工和与顾客交谈的部门经理。沃尔玛的这些做法实际上就是关于谦虚经营的范例。山姆·沃尔顿让部门经理在竞赛的早期阶段就有机会成为真正的商人，即使这些经理还没有上过大学或是没接受过正式的商业训练，但他们仍然可以拥有权责，只要他们真正想要获得，而且努力、专心地工作和学习做生意的技巧。

山姆认为，把权力下放之后，必须让每一位经理充分了解有关自己业务的内容，如商品采购成本、运费、利润、销售额以及自己负责的商品部或商店在公司内的排名。他鼓励每位经理管理好自己的商店，如同商店真正的所有者一样，并且拥有足够的商业知识。山姆把权力下放给经理，由他们负责商店的全部事务。

沃尔玛不仅给经理委派任务，而且允许其自主行动，他们享有很宽泛的决策权。他们有权根据销售情况订购商品并决定产品的促销法则。同时，每个员工也都可以提出自己的意见和建议，供经理参考。

此制度推行的结果是年轻的经理得以积累起商店管理经验。而沃尔玛公司里有不少人半工半读完成大学学业，随后又在公司内部逐渐被提升到重要的职位上。

在下放权力的同时，山姆一直努力尝试在扩大自主权与加强控制之间实现最佳的平衡。同其他大零售店一样，沃尔玛公司当然有某些规定是各家商店都必须遵守的，有些商品也是每家商店都必须销售的。但山姆还是逐步保证各家商店拥有一定的自治权限。比如订购商品的权责归部门经理，促销商品的权责则归商店经理。沃尔玛的采购人员也比其他公司的人员拥有更大的决策权。沃尔玛的各家分店可以采用不同的管理模式，可以有自己独特的风格，但每一个员工要遵守公司制定的规章制度。员工可以有不同的思想观念和生活方式，也可以各抒己见、畅所欲言；但一旦公司或商店、部门做出决策，就必须维护决策的权威。虽然公司允许他们保留意见，但决策的权威性不可动摇，所有人都要服从。当然，如果员工有较大的分歧，经理也可以将意见直接反映到总部。

山姆在放权和控权之间游刃有余，既激发了公司各个层面的主动性、自主性，又牢牢把握着公司的决策权，可谓授权管理的典范。

25. 布利斯原则：给他权力就要充分地相信他

◎内　容▶ 当你授权的时候，你要把整个事情托付给对方，同时交付
足够的权力让他做必要的决定。

◎提出者▶ 美国管理学家艾德·布利斯。

人才都是渴望获得较大表现空间的人。授权可以营造出一种彼此信任的氛围，使人才相信，他们正处于企业的中心而不是外围，他们所做的一切都是有意义、有价值的。由此，他们的潜能就会被激发，他们会表现出积极性，勇于承担责任并在一种积极向上的氛围中工作。这种工作氛围将会使他们对公司产生信赖感和归属感，从而表现出极高的忠诚度。

管理者的一个重要的任务就是找出那些最适合工作的人并赋予他们恰当的权力，让他们可以尽情施展才能，为企业发展贡献力量。一个所有员工从事的都是最适合自己的工作的企业，必定是秩序井然并有强大竞争力的，而实现这一切就是管理者的职责。

每个员工的能力、性格是不同的，他们对不同工作的适应能力也各异，因此，管理者应该根据自己的标准识别那些有能力的员工，找到那些最适合工作的人并赋予他们权力，只有这样才能有效提高企业的生产效率，增强企业的竞争力。

☀ 微案例

福特公司的发展壮大就是因为授权给下属并充分信任下属。

在零配件设计方面，埃姆及他领导的设计团队发挥了至关重要的作

用。埃姆不仅专业技艺精湛，而且善于管理，在他的身边聚集了许多精兵强将。摩根那号称公司的"千里眼"，他负责的是采购工作。因为他有一种鉴赏机器设备的超常能力，只要到竞争对手的供应市场上看一下，就可以弄懂新设备的制作工艺，然后将结果报告给埃姆。不久仿造或是被改进的机器设备就会出现在福特的汽车厂里了。芬德雷特则是一名出色的"侦察兵"。他经常跑到公司的部件供应厂估算对方的生产成本，一旦判断出哪种产品要涨价，他就建议福特马上中断同那家部件供应厂的订货合同，再自行生产制造这一设备。"检验员"韦德罗则是一位精明能干的机器设备检验专家。他的职责是向埃姆汇报自动机床试车情况。正是在这群有才干的助手的帮助下，埃姆领导的设计团队为福特公司的发展做出了很大贡献。他们发明了新式自动专用机床，其中的自动多维钢钻可以从四个方向同时工作，只需几分钟就可以在汽缸缸体上钻出45个孔，这是当时世界上公认的最先进的设备，而埃姆个人也被公认为在汽车工业革命方面贡献最大的人之一。

在寻求企业经营管理方面的优秀人才上，库兹恩斯则是一个代表。库兹恩斯对汽车业的经营有着丰富的经验，他聪明能干，善于交际，处事果断，而且精力充沛，工作热情，雄心勃勃。福特正是在他的帮助下，在各地建立起了行销点，形成了完善的行销网络。

此外，推动福特汽车公司登上事业巅峰的 T 型车是在威利斯和哈夫的帮助下设计完成的，广告设计师佩尔蒂埃的天才创意进一步促进了 T 型汽车的市场销售。福特汽车公司为人们所津津乐道的世界一流的汽车流水装配线，是在索伦森、马丁和努森的努力下建成的，他们还改革了福特汽车公司陈旧的装配技术和工序，提高了生产效率，进一步降低了成本。

正是在这些人才的共同努力下，福特汽车的面貌焕然一新，全美几乎所有千人以上的小镇都至少有一家福特汽车的代销点，汽车的销售情况也十分喜人。福特汽车公司不但不断刷新自己保持的汽车制造纪录，而且仍然有大批的订单，供不应求。

26. 苛希纳定律：用人在精而不在多

◎内　容▶ 实际管理人员比最佳人数多，工作时间不但不会减少，反
而会随之增加，而工作成本也会成倍增加。

◎提出者▶ 西方管理学家苛希纳。

企业通常都有一种不因事设人而因人设事的倾向，从而造成企业机构
臃肿、层次重叠、人浮于事、效率低下。其主要表现为：机构设置过多，
分工过细；人员过多，严重超出实际需要。这样，自然会给企业带来许多
不良后果。

在管理上，并不是人越多越好，有时管理人员越多，工作效率反而越
低。管理者要认真研究并找到一个最佳人数，以最大限度地减少工作时
间，降低工作成本。只有确定一个最合适的人数，管理才能收到最好的效
果。苛希纳定律虽是针对管理层人员而言的，但它同样适用于对公司一般
人员的管理。在一个公司中，只有每个部门都真正达到了人员的最佳数量
配置，才能最大限度地减少无用的工作时间，降低工作成本，从而达到企
业的利益最大化。

在一个充满竞争的世界里，一个企业要想长久地生存下去，就必须长
久地保持自己的竞争力。企业竞争力的来源是用最低的工作成本换取最高
的工作效率。这就要求企业必须做到用最少的人做最多的事。只有机构精
简，人员精干，企业才能保持永久的活力，才能在激烈的竞争中立于不败
之地。

☀ 微案例

作为全球零售企业巨头之一的沃尔玛公司的掌舵者，山姆·沃尔

顿有句名言："没有人希望裁掉自己的员工，但企业的高层管理者需要经常考虑这个问题；否则，就会影响企业的发展前景。"他深知，企业机构臃肿、人员设置不合理等现象，会使企业内官僚之风盛行，人浮于事，从而导致企业的工作效率低下。为避免上述现象在自己的企业内发生，山姆想方设法用最少的人做最多的事，极力降低成本，追求效益最大化。

从经营自己的第一家零售店开始，山姆就很注重控制公司的管理费用。当时，大多数企业都会花费销售额的5%来维持企业的经营管理，但沃尔玛则力图做到用公司销售额的2%来维持公司的经营。这种做法贯穿于沃尔玛的发展中。在山姆的带领下，沃尔玛的员工经常起早贪黑地干，工作尽职尽责。结果，沃尔玛用的员工比竞争对手的少，但所做的事却比竞争对手的多，企业的生产效率当然就比对手的高。这样，在沃尔玛全体员工的苦干下，公司很快就从只拥有1家零售店，发展到拥有5000多家连锁店。公司大了，管理成本也提高了，但山姆一直不改变过去的做法——将管理成本维持在销售额的2%左右，用最少的人干最多的事！

山姆认为，数量合理的机构和人员是企业良好运作的根本。与大多数企业不同，沃尔玛在遇到麻烦时，不是采取增加机构和人员的办法来解决问题；而是追本溯源，解聘失职人员和精简相关机构。山姆认为，只有这样才能避免机构臃肿、人员过多。

在山姆看来，精简机构和精减人员与反对官僚作风密切相关。他非常痛恨企业的管理人员为了显示自己的重要性而在周围安排许多工作人员的做法。他认为，工作人员的唯一职责就是为顾客服务，而不是为管理者服务。凡是与为顾客服务无关的工作人员，都是多余的，都应该裁掉。他说："只有从小处着想，努力经营，公司才能发展壮大！沃尔玛能有今天的成功，自始至终地坚持低成本运作这一点功不可没。"

27. 横山法则：最有效并持续不断的控制不是强制，
而是触发个人内在的自发控制

⚫内 容▶ 最有效并持续不断的控制不是强制，而是触发个人内在的
自发控制。

⚫提出者▶ 日本社会学家横山宁夫。

在企业管理中，管理者要关心、爱护员工，如同家人一样，这样，员工也会热爱管理者，把企业当成自己的家，在企业中奋力工作以回报管理者的关爱。员工具有如此的积极性，必然会出主意、想办法生产出高质量的产品，企业也会因此而兴旺发达起来。当然，对于员工，除了爱护之外，还要严格管理。孙子指出："厚而不能使，爱而不能令，乱而不能治，譬若骄子，不可用也。"爱和严应该双管齐下，两者是相辅相成的。

企业与员工的关系不仅仅是物质上的雇用与被雇用的关系，还应是和谐、共同发展的关系。维系这种关系的纽带就是企业要给员工一种"企业就是家"的感觉。

企业管理者应把员工当作自己的亲人，让员工在一种融洽的合作气氛中自主发挥才干，为企业贡献自己最大的力量。

人总是在企业发展中处于核心地位。从长远的角度来看，无论企业管理者具有多大的能力，取得多大的成功，企业的将来归根结底还是掌握在全体员工手中，是他们主宰着企业的命运。

"严是带兵之道，情是带兵之本"，带兵需要真情，这样的管理才有更浓的人情味与更大的凝聚力。中华民族有着报恩的传统美德，"受人之恩，终身必报""滴水之恩，涌泉相报"。管理者关心爱护员工，员工肯定会给予足够的感激和报答。管理者越是关心、爱护员工，员工就越会更加拼命地为企业效力。

☀ 微案例

　　法国企业界有句名言："爱你的员工吧，他会百倍地爱你的企业。"美国惠普公司的创始人休利特说："惠普公司的传统是设身处地地为员工着想，尊重员工。"该公司以定期举行"啤酒联欢会"的方式来维系公司与员工的感情，增强"家庭感"。联欢会上，全体员工可以开怀畅饮、一醉方休，在豪饮中穿插各种节目，全体员工唱公司的歌，管理者会公布公司的经营状况。公司管理者频频举杯，表彰每一位值得表彰的员工。员工无所不谈，尽情尽兴，增进了相互之间的情感，激发起更加努力工作的热情。

28. 皮雷尔定理：尊重说起来并不难，但真要做到
　　也不是一件容易的事情

◉内　容▶　人都有追求自尊的需要，企业内部的员工同样如此。尊重
　　　　　是加速员工自信力爆发的催化剂，同样也是良好互动沟通
　　　　　的润滑油。
◉提出者▶　德国西门子公司董事长海因里希·冯·皮雷尔。

　　尊重说起来并不难，然而，真要做到实实在在的"尊重"也不是一件容易的事情。一个懂得尊重的管理者必定是一个睿智者，这种懂得尊重的品质是需要修炼积累的，这也成为一个成功管理者的重要标准。那么，在现今的管理工作中，管理者怎样做到"礼遇"下属和员工呢？我们认为以下几点是必要的。

　　第一是尊重员工的人格。任何人都有被尊重的需要。管理者不能因为在工作中与其具有的领导关系而损害下属的人格，这是管理者最基本的修养和对下属的最基本的礼仪。

第二是尊重员工的意见。员工参与程度越高，其积极性越高。尊重员工的意见，就是要员工自己做出承诺并且努力地实现承诺。

第三是尊重员工的发展需要。任何员工的工作行为不仅仅是为了追求金钱，同时还在追求个人的成长与发展，以满足其自尊与自我实现的需要。很多人都有自己的职业计划，在自己的职业生涯中有意识地确定目标并努力追求目标的实现。企业应该了解员工的职业计划，并通过相应的人力资源政策帮助员工达成自己的职业计划，使之有助于企业目标的达成。

第四是尊崇有才干的下属。管理者不可能在各方面都表现得出类拔萃，而下属在某些方面也必然会有过人之处。管理者对下属的长处应及时地给予肯定和赞扬。

第五是宽待下属。管理者应心胸开阔，对下属的失礼、失误应用宽容的胸怀对待，尽力帮助下属改正错误，而不是一味打击、处罚，更不能记恨在心，挟私报复。

敬人者人恒敬之，爱人者人恒爱之。中国还有句老话叫：人敬我一尺，我敬人一丈。作为管理者，如果你能礼遇你的员工，员工就更加尊敬你；你关爱你的员工，员工就更加爱戴你。管理者如果时刻以"礼"作为准则来对待员工，就能形成强大的企业凝聚力。

☀ 微案例

老托马斯·沃森在 1914 年创办 IBM 公司时设立过三条"行为准则"，分别是：必须尊重个人；必须尽可能地给予顾客最好的服务；必须追求优异的工作表现。

这三条准则对公司成功所贡献的力量，被认为比任何技术革新、市场销售技巧或庞大财力所贡献的力量都大。

小托马斯·沃森在 1956 年接任公司总裁后，将该准则进一步发扬光大，上至总裁，下至传达室，无人不知，无人不晓。

在沃森父子眼中，公司最大的资本是人，而不是机器和资金。IBM 公司原营销副总裁巴克·罗杰斯指出，很多公司不重视自己的雇员和顾客，这是极端失策的行为。IBM 不是这样，公司的英雄是营销人员——IBM 的大人物。

在 IBM 公司，人人参与营销，同时，人人受到尊重。

尊重，使 IBM 公司的职员个个充满自信、自尊、自强的精神，使他们成为世界上目的最明确、效率最高的营销大军。

IBM 可能是最早积极实施以员工为重心的企业战略的美国公司。IBM 的历史就是一部强调尊重、重视员工的历史。即使在最细微的地方，也反映了这一特色。当你走进纽约的 IBM 经销分处，第一眼就可看见一大块从地面到天花板的大型布告栏，上面贴满了各部门全体员工的相片，下面附有："纽约的……最有特色的员工。"

IBM 有许多小地方都表现出了重视员工的政策。老沃森大半时间都在各地服务，一天工作十几个小时，几乎每天晚上他都在员工俱乐部参加各种晚会和庆祝活动。他喜欢跟员工说话，他并不是个好奇的监工，却是员工的老朋友。

IBM 的每件事都让员工引以为荣，这是 IBM 以员工为重心的政策的关键。罗杰斯就指出："我们求好心切，追求美誉，引以为荣。"

过去有很多公司以公开的残暴行为来侮辱雇员，或者用拐弯抹角的方法来打击他们的自尊，或者粗暴地剥夺他们应拥有的权利。老沃森对此非常厌恶，他真诚希望尊重每个员工的权利和自尊，希望每个为他工作的人都会对自己和他的工作感到心情愉快。他非常向往能够建立起他的营销大军的自尊，他说："我希望 IBM 的推销员能够被人青睐，受人尊敬。我希望他们的妻子儿女为丈夫或父亲感到骄傲。我不想他们的母亲被问到孩子在哪里工作时躲躲闪闪，羞于回答。"

小沃森也说："通过我们对人们的尊重和帮助人们自己尊重自己这样简单的信念，我们公司就肯定能赢利。"

确实，当一个人尊重别人时，他也一定能考虑到公司内外的所有人，而这种尊重人的信念只有在行动中才能得到加强。这是 IBM 成功的奥秘所在。

29. 波特定理：总盯着下属的失误，是一个领导者的最大失误

◎ 内　容 ▶ 批评人之前应该先把他的优点提出来，要先铺平批评的道路。

◎ 提出者 ▶ 英国行为学家 L. W. 波特。

优秀的管理者在员工犯错的时候，是不会一味地责怪的，而会宽容地面对他们的错误，变责怪为激励，变惩罚为鼓舞，让员工在接受惩罚时怀着感激之情，进而达到激励的目的。每个人都是需要鼓励的，有鼓励才能产生动力。批评的同时给予适当的肯定，对此把握好了，你就会成为一名出色的管理者。

金无足赤，人无完人。古往今来，大凡有见识、有能力，能成就一番事业的人，往往有着与众不同的个性和特点。他们不仅优点突出，而且缺点也明显。管理者如果求全责备，就会显得不通情理。一个下属乐意追随的领导往往都有容人之量。俗话说："宰相肚里能撑船。"你如果锱铢必较，就会让人觉得难以相处，那愿意跟随你、与你共事的人会越来越少，你最终难成大事。

看人要深，与人相处要浅；看人要清楚，与人相处要糊涂。看人深，看得清楚，与人相处浅，与人相处糊涂一些，就要求管理者把握住大的原则，不拘小节，对小缺点要宽容，对个人性格的独特方面要理解。特别是那些有独特才能的人，其性格特点也比较明显，要用这样的人，宽容、理解就是非常必要的。无宽容之心、理解之情，自然无法赢得这些人的追随，让他们尽情发挥作用就显得很困难了。

世界上没有十全十美的人,每个人都有缺点,管理者选用一个人,主要是使他发挥自己的优点,至于他的缺点,只要不影响工作、不影响别人发挥积极性,就不应要求过严。管理者在选拔人才时,要全面分析,辩证看人,不可求全责备,这样才能实现人尽其才。

微案例

美国南北战争之始,林肯以为凭借北方在人力、物力、财力上的绝对优势,加之战争的正义性,短期内即可扑灭南方奴隶主军队的叛乱。于是,林肯按照他平时的用人原则——安全第一,先后任命了三四位德高望重的谦谦君子为北军的高级将领。林肯想利用他们在人们心中的道德感召力,用正义之师战败南方奴隶主军队。但事与愿违,这些没有缺点的将领在战争中却很平庸,北方军队很快被南方奴隶主军队击溃。

预想不到的败局引起林肯的深思。他认真分析了对方将领,他们几乎没有一个不是满身小缺点的人,但他们也有善于带兵、善于用兵、勇敢机智、彪悍凶猛等长处,而这些长处正是战争需要的素质;反观自己的将领,忠厚、谦和、处事谨慎,这些特点作为人的品格而言是不错的,但在充满血腥的严酷战争中却不足取。从这种分析出发,林肯力排众议,毅然起用格兰特将军为总司令。

格兰特不仅好酒贪杯,而且脾气火暴。众人认为他难当此任。对此,林肯笑道:"如果我知道他喜欢喝什么酒,我倒应该送他几桶,让大家共享。"林肯认为北军将领中只有格兰特是位能运筹帷幄的帅才,要用他的长处,就要容忍他的缺点。因而,即使有人强烈反对,林肯依然坚定地说:"我只要格兰特。"

后来的事实证明,格兰特成为北军统领,几乎成为美国南北战争的转折点。在格兰特的统率下,北方军队节节取胜,终于打败了南方奴隶主军队。

对林肯用人原则的前后变化,美国管理学家德鲁克表示高度赞赏,他认为管理者倘若需要所用的人没有短处，其至多是一个平平凡凡的组织者。所谓样样皆是，必然一无是处。才干越高的人，其缺点往往越明显。有高峰就有低谷，谁也不可能是十项全能的人。一位管理者仅能见人短处，而不能用人之所长，刻意挑其短而非着眼于展其长，这样的管理者本身就是一位弱者。

第三章　激励这个东西看不见但是真有用

30. 乔治定理：有效地进行意见交流，会对一个组织的氛围产生积极的影响

◎内　容▶ 对于企业管理者来说，管理的主要对象是人，管理就是如何做人的工作，所以说，人的因素是企业成功的关键因素。

◎提出者▶ 美国管理学家小克劳德·乔治。

所有的管理问题归根结底都是沟通的问题。沟通可以增强员工的信心，可以把团队的目标深入到每位成员的思想中，集合每个人的力量，将之引向整个团队追求的最终目标。

一个企业要想实现高速运转，要充满生机和活力，有赖于下情能为上知，上意能迅速下达，有赖于部门之间互通信息，同甘共苦，协同作战。要做到这些，有效的沟通渠道是必需的。调查资料表明，在一个成功企业中，中级领导大约有60%的时间在与人沟通，高级领导则可达80%，沟通的有效性对领导力和企业发展的影响可见一斑。

一个沟通顺畅的企业必然是一个工作气氛融洽、工作效率极高的企业。在这样的企业里工作，哪怕再苦再累，人们也是心甘情愿的，因为心

情是愉快的。沟通创造和谐，沟通赢得人心，它能够凝聚员工的士气和斗志。员工的士气和斗志就是支撑企业大厦的中坚和脊梁。有了这样的中坚和脊梁，又何愁企业不发展呢？

微案例

1998年4月，摩托罗拉（中国）电子有限公司推出了"沟通宣传周"活动，内容之一就是向员工介绍公司的12种沟通方式。比如，员工可以以书面形式提出对公司各方面的改善建议，全面参与公司管理；员工可以对真实的问题给出评论、建议或投诉；公司定期召开座谈会，当场答复员工提出的问题，不能当场答复的，将在7日内对有关问题予以反馈；在《大家》《移动之声》等杂志上及时报道公司的大事动态和员工生活的丰富内容。另外，公司每年都召开高级管理人员与员工的沟通对话会，向广大员工代表介绍公司的经营状况、重大政策等，并由总裁、人力资源总监等回答员工代表的各种问题。

通过这一系列的举措，摩托罗拉让员工感到了企业对自己的尊重和信任，从而使员工产生了极强的责任感、认同感和归属感，促使员工以强烈的责任心和奉献精神为企业工作。

联想的《企业文化手册》中明确写道：放开自我，让别人了解你的需求，让别人了解你的困难，让别人知道你需要帮助；主动了解他人的需求，让他人感到能得到你的理解和帮助。联想要求员工做到五多三少：多考虑别人的感受，少一点儿不分场合训人；多把别人往好处想，少盯住别人的缺点不放；多给别人一些赞扬，少在别人背后说风凉话；多问问别人有什么困难，多一些灿烂的微笑。正是通过这些沟通法则，联想营造了一个和谐温馨、信息畅通的工作氛围，达到了一种真正的上下同心。古语云："上下同心，其利断金。"联想取得的成就很好地说明了这一点。

31. 丹纳法则：每个人都渴望别人的认可、赞美和夸奖

◉内 容▶ 承认人们的劳动和贡献，他们会更积极、更努力地工作。

◉提出者▶ 美国丹纳公司。

赞美是极有效的激励手段之一，是对他人的最佳认可。赞美同样可以运用在管理中，管理者要表现出对员工的认可，达到激励的最佳效果。优秀的管理者要巧妙运用赞美来激励员工，管理者希望下属具有怎样的优点，就要怎样去赞美他们。

其实，每个人都渴望别人的认可、赞美和夸奖。这是人类与生俱来的本能欲望。所以，能否获得称赞，以及获得称赞的程度，变成了一个人衡量自己的社会价值的标尺。每个人都希望在别人的称赞中实现自己的价值。

对某个人在团体中的优良成绩，千万别忘了利用机会予以肯定。一方面，当某个人做某件事做得很好时，应该得到赞美；另一方面，赞美是对其行为的肯定，可以激励他朝着正确的方向继续努力。

赞美下属作为一种激励方式，并不是随意说几句赞美的话就可以奏效的。事实上，赞美下属也有以下技巧和注意事项：

（1）赞美要及时。下属的某项工作做得好，管理者应及时夸奖，如果拖延数周，时过境迁，迟到的表扬已失去了原有的味道，也不会令人兴奋与激动了，夸奖就失去了意义。

（2）赞美的态度要真诚。赞美下属必须真诚。每个人都珍视真心诚意，它是人际沟通中最重要的原则。

（3）赞美的内容要具体。赞美要依据具体的事实，除了使用广泛的用语如"你很棒""你表现得很好""你不错"等以外，最好加上对具体事实的评价。

（4）要注意赞美的场合。在众人面前赞美下属，对被赞美的下属而言，受到的鼓励当然是最大的，这是一个赞美下属的好方式。但是你采用这种方式时要特别慎重，因为被赞美者的表现若不能得到大家的认同，其他下属难免会有不满的情绪。因此，公开赞美最好能被大家认同。

（5）赞美时不要又赞美又批评。管理者赞美下属时很像做工作总结，先表扬，然后是"但是"一类的转折词。这样的赞美很可能使原有的夸奖失去作用。应当将表扬、批评分开，事后寻找合适的机会批评可能效果更佳。

（6）适当运用间接赞美的技巧。所谓间接赞美，就是借第三者的话来赞美对方，这样做的效果比直接赞美对方更好。

赞美可以给人们的平凡生活带来温暖和欢乐，可以给人们的心田带来雨露甘霖，给人们带来鼓舞，赋予人们一种积极向上的力量。

赞美下属是一种不需要较多投入的激励方式。团队领导千万不要吝啬自己的语言，要真诚地去赞美每个人，这是促使人们正常交往和更加努力工作的最好方法。赞美也是一门艺术，管理者要理解员工的动机和需求。给予员工恰到好处的赞美是企业付酬极少却能换回极佳效果的方式之一。

☀ 微案例

小姜大学毕业后被一家中外合资企业聘为销售员。工作的头2年，他的销售业绩确实让人不敢恭维。但是，随着他对业务的逐渐熟练，且跟零售客户相处融洽，他的销售额开始逐渐上升。到第3年年底，他根据与同事们的接触，估计自己当属全公司的销售冠军。不过，公司的政策是不公布每个人的销售额，也不鼓励员工相互比较，所以小姜没有得到公司的肯定。

第四年，小姜干得特别出色，到9月底就完成了全年的销售任务，但是经理对此没有任何反应。尽管工作上非常顺利，但是小姜总是觉得自己的心情不舒畅。最令他烦恼的是，公司从来不告诉大家谁干得好谁干得坏，也从来没有人关注销售员的销售额。他听说本市其他中外合资的化妆品制造企业都在搞销售竞赛和奖励活动。那些公司的内部还会做各类报道，对销售员的业绩做出评价，让人人都知道每个销售员的销售情况，并且表扬每季度和每年的最佳销售员。一想到自己所在公司的做法，小姜就十分恼火。

不久，小姜主动找到经理，谈了自己的想法。不料，经理说这是既定政策，而且也是本公司的文化特色，从而拒绝了他的建议。

几天后，小姜辞职而去，小姜辞职的理由很简单：自己的贡献没有获得充分的肯定，没有得到相应的回报。

公司正是由于没有对小姜做出肯定与赞美，并且没有给予相应的奖励，才失去了一名优秀的员工。

32. 乌兹纳泽定律：没有需要，就根本谈不上积极性

◎内　容▶ 没有需要，就根本谈不上积极性。

◎提出者▶ 苏联社会心理学家 M. 乌兹纳泽。

凡人都有欲求，企业员工也不例外。只有洞察下属的所有欲求，才能懂得如何激发他们的工作热情。这是企业领导赢得下属尊重、激发下属活力的方法。

许多领导都明白，可以根据下属的欲求调动其主观能动性。如果一名企业领导能够最大限度地把下属的欲求转变为其工作积极性，那么这名企业领导就是一名用人大师。因此只有当你洞察了下属的欲求之后，你才能真正地了解你的下属，才能达到善用人力的效果。作为企业领导，不可草率为之。

例如，同样的薪酬系统，在不同的企业文化中配合不同的语言艺术、环境艺术、差异化艺术等便像一只"看不见的手"，指挥着企业员工唱出不同的团队之歌。

员工对愿意接受的薪酬方案、激励体系和公平感的看法都是非常主观的，薪酬与感知及价值观联系紧密，很多冲突也由此产生。正是在协调、平衡这种冲突的过程中产生了无数种薪酬支付方案。正如世上没有包治百病的灵丹妙药一样，薪酬支付方案是不是最好的也要看是否适合企业。

领导通过对员工欲求的洞察，适时满足员工需求，使彼此之间相互理解、相互信任、紧密相连、团结一致，促进企业持续发展。

微案例

"每一位成功的男人背后都站着一位伟大的女人。"日本麦当劳汉堡店总裁藤田田就懂得如何帮助员工塑造"伟大"的女人，从而使自己的员工成为成功的男人。每一位员工的太太过生日时，一定会收到总裁藤田田让礼仪小姐从花店送去的鲜花。事实上，鲜花的价钱并不昂贵，然而太太们却很高兴。"连我先生都忘了我的生日，想不到总裁却记着送鲜花给我。"总裁藤田田经常会收到类似的感谢函或接到类似的感谢电话。

日本麦当劳汉堡店除了6月底和年底发放奖金外，每年4月也会发一次奖金。这个月的奖金并不交给员工，而是发给员工的太太。先生不能经手，员工把这奖金戏称为"太座奖金"。

除此以外，日本麦当劳汉堡店每年都在大饭店举行一次联欢会，所有已婚员工必须带着"另一半"出席。席间，除了表彰优秀的员工外，总裁藤田田还郑重其事地对太太们说：

"各位太太，你们的先生为公司做了很大的贡献，我已经做了各方面的奖励。但有一件事我还要各位太太帮忙，那就是好好照顾先生的健康。我希望把你们的先生培养成一流的人才，帮助他们实现人生的梦想，从而使你们的家庭和睦，可是我无法更多地、更细致地兼顾他们的健康，因此我把照顾先生身体健康的重任交给你们。"

听了这番话，哪一位太太会不心存感激呢？而这种感激对一个家庭意味着什么呢？显然，儒家文化中的"家"的概念，在薪酬支付中起到了激励、凝聚员工的作用。

33. 贝尔效应：想着成功，成功的景象就会在内心形成

◎内　容▶　想着成功，成功的景象就会在内心形成。

◎提出者▶　美国学者贝尔。

在社会上生活的人，都要满足自我的需要，都希望别人能承认、尊重、赏识自己的知识和才能。为了达到自己的目的，每个人都在不断地想方设法在他人面前表现或推销自我，以使对方从心理上接受自己，从而为实现自身发展开辟道路。永远对自己保持信心，就是实现自身发展的一个重要条件。

保持信心，包括许多方面的含义，其中最重要的一点就是当看到某位同事获得晋升而自己尚未如愿时，不要对该同事产生妒忌心理，而要仍然满怀信心地投入工作中，为实现自身发展做准备。

保持信心还有一个重要含义就是无论你在从事一份什么样的工作，你都要坚定地认为，自己能把它完成，而且会干得相当出色。只有抱有这种信心的人，才会在工作中全力以赴，发挥自己的积极进取精神和各方面的才能，进而把工作圆满完成。相反，你如果在接受了一项工作之后，还没开始做就先打起了退堂鼓，感觉自己不行，那么你注定不会干好此项工作。

职场上的成功人士总是一开始就充分相信自己的能力，深信自己必能成功。千万不要认为自己能力有限，你永远可以比现在更好。只要敢于尝试，勇于拼搏，不断进取，不懈地追求自己的梦想，你就能真正拥有自信，取得非凡的成就。

微案例

美国学者查尔斯 12 岁时，在一个细雨霏霏的星期天下午，在纸上胡乱画，画了一幅菲力猫，它是大家所喜欢的喜剧连环画上的角色。他把画拿给了父亲。当时这样做有点儿鲁莽，因为每到星期天下午，父亲就拿着一大堆阅读材料和一袋无花果独自躲到他们家所谓的客厅里，关上门去忙他的事。他不喜欢被人打扰。

但这个星期天下午，他却把报纸放到一边，仔细地看着这幅画。"棒极了，查尔斯，这画是你徒手画的吗?""是的。"父亲认真打量着画，点着头表示赞赏；查尔斯在一边激动得全身发抖。父亲几乎从没说过表扬的话，很少鼓励他们五兄妹。他把画还给查尔斯，说："在绘画上你很有天赋，坚持下去!"从那天起，查尔斯看见什么就画什么，把练习本都画满了，对老师所教的东西毫不在乎。

父亲离家后，查尔斯只好自己想办法过日子，并时常给他寄去一些自认为能吸引父亲的素描画，并眼巴巴地等着父亲的回信。父亲很少回信，但当他回信时，其中的任何表扬都能让查尔斯兴奋几个星期，查尔斯相信自己将来一定会有所成就。

在美国经济大萧条的那段最困难时期，父亲去世了，除了福利金，查尔斯没有别的经济收入，17 岁时他只好离开学校。受到父亲生前话语的鼓励，他画了三幅画，画的都是多伦多枫乐曲棍球队里声名大噪的"少年队员"，其中有琼·普里穆、哈尔维、"二流球手"杰克逊和查克·康纳彻，并且在没有约定的情况下把画交给了当时多伦多《环球邮政报》的体育编辑迈克·洛登。第二天迈克·洛登便雇用了查尔斯。在之后的 4 年里，查尔斯每天都给《环球邮政报》体育版画一幅画。那是查尔斯的第一份工作。

查尔斯到了 55 岁时还没写过小说，也没打算过要这样做。在向一个国际财团申请电缆电视网执照时，他才有了这样的想法。当时，一个在管理部门工作的朋友打电话来，说查尔斯的申请可能被拒绝。查尔斯突然面临着这样一个问题："我今后怎么办？"查阅了一些卷宗后，查尔斯偶尔用十几句简单的话语，写下了一部电影的基本情节。他在办公室里静静地坐了一会儿，思索着是否该把这项工作继续下去，最后他拿起话筒，给他的朋友、小说家阿瑟·黑利打了个电话。

"阿瑟，"查尔斯说，"我有一个自认为不寻常的想法，准备把它写成电影。我怎样才能把它交到某个经纪人或制片商，或是任何能使它拍成电影的人手里？""查尔斯，这条路成功的概率几乎等于零。即使你找到采用你想法并把它变为现实的人，我猜想你的这个故事梗概所得的报酬也不会很多。你确信那真是个不同寻常的想法吗？""是的。""那么，如果你确信，哦，提醒你，你一定要确信，为它押上 1 年时间的赌注，把它写成小说。如果你能做到这一点，你会从小说中得到收入，如果你写得很成功，你就能把它卖给制片商，得到更多的钱，这是故事梗概远远不能做到的。"查尔斯放下话筒，开始问自己："我有写小说的天赋和耐心吗？"沉思后，他对自己越来越有信心。他开始进行调查、安排情节、描写人物……为它赌上了比 1 年还要多的时间。

15 个月后，查尔斯完成了小说，在加拿大的麦克莱兰－斯图尔特公司，在美国的西蒙与舒斯特公司，在意大利、荷兰、日本和阿根廷，这部小说均得到出版。后来，它又被拍成了电影——《绑架总统》，由威廉·沙特纳、哈尔·霍尔布鲁克、阿瓦·加德纳和凡·约翰逊主演。此后，查尔斯又写了 5 部小说。

34. 蓝柏格定理：有压力才有动力，为员工制造必要的危机感

◖内　容▶ 压力只有在能承受它的人那里才会化为动力。以危机意识来激励员工就是危机激励。

◖提出者▶ 美国银行家路易斯·B. 蓝柏格。

危机激励的核心思想是，企业领导要不断地向员工灌输危机观念，让他们明白企业生存环境的艰难，以及由此可能给他们的工作、生活带来的不利影响。这样就能激励他们自觉自发地努力工作。

明智的管理者均不断强化危机意识，觉察到存在制约企业发展的危机，主动激发积极性，做到防患于未然。管理者面对四伏的危机、变幻莫测的市场环境，应尽早采取相应的措施和行动，抓住契机，变危机为生机，最后取得胜利。

在企业运营的过程中，面对众多的风险，有的企业能够成功地化险为夷，有的企业却遭到失败，甚至以破产而告终。其中的差别就在于在面对风险时是否能有效地调动员工的积极性和主动性。

危机激励能够使大家产生担当意识，与公司共存亡，一致对外，和竞争对手拼搏。当所有员工的个人目标和企业目标紧密相连的时候，当所有员工都把企业目标变成自己的奋斗目标之后，企业就会有取之不尽、用之不竭的能量，克服困难和发展壮大也就不是什么难题了。

☀ 微案例

20 世纪 60 年代末，加农公司的管理层就采用危机激励法激励员工，使公司顺利地走出低谷，转危为安。

加农公司经过连年拼搏，采取多种灵活的经营方式，终于成功打入了计算机市场。它研制的键盘式计算器试销后获得成功，一度十分畅销。但是好景不长，由于研制工作仓促，改制的新型计算器缺乏合理性，市场反应不好，结果导致销路不畅，再加上正值第一次石油危机，加农公司财政出现巨额赤字，公司濒临倒闭。

如何走出困境？公司高层召开董事会商议对策。就在这时，董事会成员贺来提出，应该把危机告诉全体员工，让他们知道企业处于危险境地的真相，唤起他们的危机感，最大限度地刺激员工的全部智能，以激发员工的工作热情，振奋起背水一战的士气。董事会采纳了贺来的建议，向全体员工发出了危机警告。

这样一来，那些以为身居高位、可以高枕无忧的人也紧张起来了，员工感到了前所未有的紧迫感，公司上下被一种危机气氛笼罩。在这种危机感下，员工齐心协力，出主意、想对策，创造出平时无法获得的成就。

于是，新建议、新方案层出不穷，如何挽救加农成为员工们日常议论的话题。贺来针对员工的建议和方案进行了整理归纳，提出了"优良企业设想"的企业整改方案。这一设想旨在改革企业的科研和生产体制，极大地调动了全体员工的积极性，终于使加农渡过了难关，并成长为一个国际化的大企业。

35. 杜利奥定理：没有什么比失去热忱更使人觉得垂垂老矣

◎**内　容**▶　精神状态不佳，一切都将处于不佳状态。

◎**提出者**▶　美国自然科学家、作家杜利奥。

激情是可再生资源，可以培育；激情生生不息，可以互相感染。激情是一种对团队有益的"传染病"。一套好的激励制度，一个善于激励的上司，一个充满激情的同事，都能让一个团队激情弥漫，永远充满活力。

正是激情，以及激情的传递、感染、再激发，可以消除一个团队中不和谐的声音和行为，可以整合团队的各种资源，激励强者、提携弱者，使团队不断迸发出活力。

一个好的管理者不仅知道自己的责任，更能够用自己的热情激发出员工身上最大的能量。在这个过程中，他的理念和行为会成为员工效仿的对象，员工能从他的身上看到美好的愿景，并且共同分享成功的喜悦。

对于团队的管理者来说，只有对自己所从事的工作充满激情，才会全身心地投入，才会激励团队不断前进。团队的管理者要成为一个优秀的"号手"，能吹起团队前行路上的响亮的"冲锋号"，激起团队成员的激情。如果能做到这些，就是管理者工作的最大成功。那么，团队管理者如何才能当一个优秀的号手，激起团队的激情呢？

（1）自身激情要足。正所谓用心灵感化心灵，用激情点燃激情。激情是可以传染的。所以管理者自身的激情就非常重要，管理者要成为团队激情的"感染源"。

（2）自身底气要足。管理者要成功地激起员工的工作激情，自身底气必须要足。管理者的底气是什么呢？其实最根本的就是管理者自身的形象及在员工中的声誉。管理者在团队中的可信度越高，工作的底气就越足，激励的效果就越好。管理者是团队的领头雁、排头兵，他的思想觉悟、习惯作风、个人涵养在团队建设中都起着至关重要的作用，管理者的形象不容忽视，这就需要管理者时时处处注意自身的形象建设，要对自己常用"整容镜"，"整"出自己实事求是和脚踏实地的工作作风、令人信服的人格，"整"出自己领头雁、排头兵的风姿，使自己拥有在团队中激励他人的魅力和资本，增强自己的号召力。

（3）弓着身子"吹号"。团队的管理者，在日常的管理中需要发号施令。不会发号施令的管理者肯定当不成好的管理者。但是，管理者的权威不光建立在他的职务上，更在于他的综合影响力。因此，管理者在注重制度管理的同时，也要注意亲情管理，注意"精神关怀"。管理者与员工虽然在职务上有区别，但在人格上是平等的。管理者只有弓着身子"吹号"，才更容易将号声传到员工的心里，激起员工的工作热情。

没有激情，团队将是一潭死水，团队中的员工就是死水里的鱼，那种缺氧的窒息让人绝望。所以，请拿出你的激情！因为没有哪家企业愿意成为这样的企业，没有谁愿意成为这样的员工。

☀ 微案例

不熟悉江南春的人都说他是个儒雅的管理者；熟悉他的人说他是一个拥有天才般思维的管理者，是一个充满激情的管理者。

大学时候，江南春的诗情和才华使他成了校园内的风云人物。据说，当时他特别喜欢在公众场合露面，无论到什么地方，他都会成为现场最引人注目的明星。

当时的校友这样评价江南春：他思路清晰，逻辑严密，回答问题时针对性强，充满趣味，极富感染力。这刚好与分众传媒几位高层管理人员对江南春的评价不谋而合。

在分众传媒的管理团队中，几乎所有人都是被他的激情打动而加入的，其中包括首席营销官陈从容、副总裁嵇海容以及首席战略官陈岩。公司营运副总裁张家维更是视江南春为自己的偶像，他表示，江南春是一个很强势的人，在他眼中没有失败，当他首次和我谈到大卖场这一新项目时，就详细解答了我的所有疑问。因为在此之前，有人尝试过这一项目，但是都没有成功。但江南春说正因为没有人成功，我们成功才是最大的价值。他对成功的理解感染了我，于是我放弃了即将到手的期权，加盟分众。江南春在很多方面都有独到之处，如吸引人才，许多企业的手段是高薪，这必将增加成本，而他不是，他是用精神感染大家，他给大家描绘一个远景，让大家觉得目前的努力会有美好的明天。

尽管早年痴迷文学的江南春最终没能成为一个"把天下人的苦难视为自己的苦难"的诗人，但是擅长感性思维的他对于事物的那种近乎偏执的激情却并没有泯灭，反而能够最大限度地感染周围的人，这其中也包括竞争对手。

"我们爱我们的敌人，敌人也就消失了。"这是江南春喜欢的一句话，出自圣雄甘地之口。

在分众传媒和聚众传媒为了地盘争得头破血流时，聚众传媒的总裁虞锋曾经有这样的疑虑：为什么要杀敌一千、自损八百呢？难道一定要在将红旗插到对方领土时再回头才发现身边已无人吗？正是看准了这点，江南春在与虞锋见了两次面之后，就"消灭"了一个潜在的敌人。

成功的管理者一定具备领袖气质，江南春将"领袖"定义为持续的激情。"即便是在很多人表示怀疑时，仍然要保持激情与信心"，他正在用这种持续的激情推动着分众传媒走向更辉煌的未来。

36. 麦克莱兰定理：权力激励的目的是使人感到有权力

◉内　容▶ 权力激励的目的是使人感到有权力。

◉提出者▶ 美国管理学家 D. 麦克莱兰。

对企业来说，当员工的主人翁地位在企业得到切实的保障，他们的劳动又与自身的物质利益紧密联系的时候，员工的积极性、创造性和聪明才智就能充分发挥出来，员工的精神面貌就会焕然一新，企业也就充满了勃勃生机。

培养员工的主人翁思想，必须在精神上和经济上共同下功夫。精神上的归属意识产生于全身心地工作。当员工认识到他们的努力能够发挥作用，他们的工作是全部工作中必不可少的环节时，他们就会更加投入。要使他们全身心地工作，还必须让他们在经济上与企业共担风险、共享利润。

员工的归属感首先来自待遇，具体体现在员工的工资和福利上。衣食住行是人最基本的需求，买房、买车、购置日常物品、休闲等都需要金钱，都要依靠员工在公司取得的工资和福利来实现。在工资和福利方面让每个员工都满意是一项比较艰难的事情，但是待遇要能满足员工最基本的生活需求才能留住人才。因此，待遇在人才管理中只是一个保证因素，而不是激励因素。

一部分人在从事某一工作时，不单单是为了获得工资和福利，他们更注重自己在企业中的位置与个人价值的体现，以及个人价值的提升和自身发展。个人价值包括技术能力、管理能力、业务能力、基本素质、交际能力等。领导者提供机会帮助员工增强以上能力，是企业增强魅力、吸引人才的重要手段。

增强员工的归属感还需要特别注重每个员工的兴趣。兴趣是最好的老师，有兴趣才能自觉自愿地去学习，这样才能做好自己想做的事情。领导者应该尽可能地考虑员工的兴趣和特长；对于擅长搞管理的员工，尽可能去挖掘、培养他的管理能力，并适当提供管理机会；对于喜欢钻研技术的员工，不要让其去做管理工作。

增强员工的归属感，平等也是非常重要的。要建立合理的规章制度，无论什么人，领导身边的"红人"也好，普通员工也罢，都要严格按照规章制度办事，做到"王子犯法与庶民同罪"。这样员工就会在心理上感受到待遇的平等，心灵上也就得到了满足。

微案例

在联合经营钢材公司，拉塞尔·梅尔恪尽职守地行使领导职权。他总是讲实话，把所有情况公开，与员工同甘共苦，并且总是让员工看到希望。他深信，这是激励员工、充分调动员工积极性的最佳方法。

梅尔知道，为使员工充分施展才能，必须让他们懂得怎样以既是雇员又是主人的姿态更自主地、认真负责地做好工作。为实现这一愿望，他认为最好的方法是把所有信息、方法和权力都交到那些最接近工作、最接近客户的员工手中。他深信，如果他能够使所有员工都感觉到他们对公司的经营情况担负着责任，那么，公司的一切，无论是员工信心还是产品质量都会得到提高。他说："如果钢材是由公司的主人生产的，其质量肯定会更好，这是毫无疑问的。我们的目标是创建一个能够充分满足客户要求、为客户提供具有世界一流质量的产品和服务的公司。只有实现了这些目标，我们这些既是公司的员工又是公司的主人的人才能保住稳定的工作，才能使我们公司的地位得到提高。"

梅尔清楚，要实现这一目标，公司必须开创一个员工充分参与合作的新局面。只有这样，公司才能在钢材行业激烈的国际竞争中，特殊钢厂不断涌现、获得高额利润的产品不复存在的环境下生存下去。要想获得成功，梅尔说："我们必须采用一套新的管理机制来为所有员工创造为公司的兴旺发达贡献全部聪明才智的机会。"

然而，让员工明白他们应怎样为公司的兴衰成败承担起责任的过程并非一帆风顺的。把钱留下，买些股票，雇员就成了股东，但他们对这样做到底意味着什么一无所知。更有甚者，很多员工都表示他们愿意负更多的责任，愿意进一步参与公司的事务，但是他们就是不履行他们各自的义务。他们搞不清楚什么是有独立行为能力的成人、什么是依赖别人的孩子。

我们很多人天生就有一种希望得到别人的关心与照料的欲望，希望有人保护，使我们免受那种社会残酷竞争的侵扰。作为对这种保护的回报，我们心甘情愿地听命于别人，依赖别人，忠诚于别人，心甘情愿地放弃支配权。所以，即使员工表示打算负更多的责任，愿意参与决定公司前途命运的决策工作，他们也往往不愿自始至终地履行自己的诺言，因为他们既害怕失败，又怀疑自己的能力，所以他们总是踟蹰不前。梅尔明白这种心理。

"我们大家都是环境的产物，"梅尔说，"假如你在一种环境中工作了30年，在这种环境中，你做所有的事都是以一种单一的方式，可突然某个人来了，并对你说，这里的一切都需改变。这时，你会困惑，虽然我是主人，你却想让我1周来这里工作40个小时，你的意思是说我还得干同样的工作，拿同样的工资？那么我当主人又有什么意义呢？我见过的主人没事就到酒馆去喝啤酒，想走就走。"

所以，梅尔还必须设法让员工明白当主人应做些什么，使他们的思维从"好了，那是他们的问题"的轨道上转换到"我即公司，所以，这事最好由我来处理"的轨道上来。

联合经营钢材公司的工作人员现在有双重身份：一种身份是雇员，另一种身份是公司的主人。虽然这两种身份不同，但每一种身份都会对另一种起促进作用。

37. 阿什定律：徒有责任而没有权力，会摧残一个人的自尊

◎ 内　容 ▶　徒有责任而没有权力，会摧残一个人的自尊。
◎ 提出者 ▶　美国企业家 M. K. 阿什。

阿什定律的核心就是人人都要承担责任，每个员工都可以对分内的事情做出决定，不必事事上报，而总裁只负责对政策的执行进行观察、监督、推进。其目的是让每个员工都可以在这个由公司管理者搭建的"V形"无限空间里自由发挥，释放自己的工作热情。而员工一旦得到信任与重视，就会为企业发展提出好建议，就会使自己的甚至是整个企业的工作效率大大提高。北欧航空公司总裁卡尔松对此的解释是：人人

都想知道并感觉到他是别人需要的人。人人都希望被作为个体来对待。给予一些人承担责任的自由，可以使他们释放出隐藏在体内的能量。任何不了解情况的人是不能承担责任的；相反，任何了解情况的人是不能逃避责任的。

管理大师德鲁克预言，"未来的企业组织将不再是一种金字塔式的等级制结构，而会逐步向扁平式结构演进"。而今，他的预言已得到证实，在中国，以海尔为代表的一大批成功企业，已经证实了德鲁克观点的超前性和准确性。实践证明，企业组织结构由金字塔式向扁平式转变，已成为企业组织结构发展的必然趋势。

微案例

有个美国商人叫佩提，一天，他要乘飞机从瑞典斯德哥尔摩到法国巴黎参加地区会议。阿兰德机场是斯德哥尔摩的国际机场，而阿兰德机场距离斯德哥尔摩市 70 千米。当佩提先生到达机场后，一摸口袋，脸变了颜色，他发现自己没带机票。众所周知，世界上各个国家的航空公司的规定都是一样的，没有机票是不能办理登机手续的。正在这个时候，北欧航空公司的一位小姐款款走来说："先生，有什么可以帮您吗？"佩提显得很不耐烦，说："你帮不了！"可是小姐还是笑眯眯地说："您说出来，或许我能帮助您。"佩提说他没带机票，没想到那位小姐说："您先告诉我机票在哪儿？"他说在××饭店 411 号房间，小姐给了他一张纸条，让他拿着先去办理登机手续，剩下的事情由她来处理。佩提先生到了登机的地方很顺利就办好了手续，拿到了登机卡，过了安检，到了候机厅。当飞机还有 10 分钟就要起飞的时候，那位小姐把机票交给了他，佩提先生一看果然是自己落在饭店的机票。那位小姐是怎么拿到机票的呢？她拨通了饭店的电话后是这样说的："请问是××饭店吧？请你们到 411 号房间看看是否有一张写着佩提先生名字的机票，如果有的话，请你们以最快的速度用专车送往阿兰德机场，一切费用由北欧航空公司支付。"是什么让她这样做的呢？就是因为公司把权力充分地赋予了一线工作人员。

38. 洛克定律：当目标既指向未来又富有挑战性的时候，它便是最有效的

◎内　容▶　当目标既指向未来又富有挑战性的时候，它便是最有效的。有专一的目标，才有专注的行动。

◎提出者▶　埃得温·A. 洛克。

成功的管理者需要关注成员的个人目标，充分运用倾听、征询、尊重、说服等技巧及个人魅力，从而将员工的个人目标转化为群体目标。对未来的目标能有个清晰、明确的看法，是现代管理者的远见在发挥着至关重要的作用，远见是绝对不能缺少的。因为远见能够决定管理者的工作能力，能描绘出未来前景的具体样子，能点燃人们的工作热情，驱使人们不断地进取。

一般而言，团队的远景规划描绘的是团队未来发展的蓝图，即团队前进的方向、定位、将要占领的市场位置及计划发展的业务，是团队最终希望实现的美好前景。在未来的 5～10 年或更长的时间里，团队究竟要成为什么类型的团队？团队在决定进入的业务领域内究竟要占领什么样的市场位置？团队管理者对这两个问题的清晰回答就构成了团队的远景规划。明确的团队远景规划是制定战略的前提条件。如果团队前进的方向尚不明确，也不明确为在竞争中获得成功需要具备哪些能力，那么团队的战略制定及经营决策便缺乏明确的指导，就像在黑暗的大海中航行的轮船缺少灯塔一样，根本不可能取得成功。

一个成功的、优秀的、伟大的管理者，在进入企业的初始阶段，必

须完成的第一件事就是为自己和企业确立目标，清晰地感受到自己的责任。管理者应当看得够远、看得够清楚，而且应当能在惊涛骇浪之中、雾气弥漫之时挺身而出，迅速做出决策，带领大家朝着正确的方向前进，奔向目标、奔向胜利。

☼ 微案例

日本松下电器的创始人松下幸之助曾经讲到，中层经理一进入松下，就会被告知松下未来 20 年的愿景是什么。首先，告诉他们松下是一个有愿景的企业；其次，给这些人以信心；最后，使他们能够根据整个企业未来的发展，制订自己的生涯规划，使个人生涯规划立足于企业的发展愿景。

在松下公司刚刚成立不久，松下幸之助就为所有的员工描述了公司的愿景，一个 250 年的愿景，内容是这样的：

把 250 年分成 10 个时间段，每一个时间段就是 25 年，每一个时间段分为 3 个时期。

第一期的 10 年致力于建设。

第二期的 10 年是"活动时代"——继续建设，并努力活动。

第三期的 5 年是"贡献时代"——一边继续活动，一边用建设设施和活动成果为社会做贡献。

第一个时间段以后的 25 年，是下一代继续努力的时代，他们同样经历建设、活动和贡献 3 个时期。从此一代一代传下去，直到第十个时间段，也就是 250 年以后，世间将变成一片"繁荣富庶的乐土"。

正是这一愿景激发了所有人的激情和斗志，让所有人都誓死跟随他。

39. 威尔逊法则：榜样的力量是无穷的

◉内　容▶ 现场指导可以及时纠正员工的错误，增强员工解决问题的信心，是提高员工素质的重要方式之一。

◉提出者▶ 美国行政管理学家切克·威尔逊。

每个组织都有自己管理绩效和指导员工的方法，正确的指导有助于个人成长并对组织起着重要作用。如果对员工的指导很出色，绩效管理就转变成一个协作的过程，这个过程可以让每一个人受益。手把手的现场指导可以及时纠正员工的错误，增强员工解决问题的信心，是提高员工素质的重要方式之一。

不少著名企业都很重视对员工进行现场指导。麦当劳快餐店的创始人雷·克罗克是美国社会极有影响力的十大企业家之一。他不喜欢整天坐在办公室里，而是把大部分工作时间都用在"走动管理上"，即到所有分公司各部门走走、看看、听听、问问，随时准备帮助下属解决工作中遇到的问题。

身教重于言教，榜样的力量是无穷的。行为有时比语言更重要，领导的力量，往往不是由语言，而是由行为体现出来的。在一个组织里，领导者是众人的榜样，他的言行举止都被员工看在眼里，当领导者亲临指导时，员工往往会产生更大的信心和更多的热情。所以，领导者要懂得通过以身作则来影响下属，这样管理起来也会得心应手。

☀ 微案例

通用电气公司的韦尔奇是一位专注于带领部下解决问题的优秀管理者。

公司旗下的 CNBC 电视频道的《商务中心》节目在每晚的 6：30 到 7：30 播出。这是一个非常受欢迎的节目。2001 年 4 月底，该节目的女主持人苏·埃雷拉给韦尔奇打了一个电话。她说，著名节目主持人多布斯又回到 CNN（美国有线电视新闻网）主持《货币之线》节目了，它的播出时间与《商务中心》的重叠，这对《商务中心》来说是一个重大威胁。她希望韦尔奇能发来一封电子邮件，以鼓舞她的团队成员的士气。韦尔奇知道苏已经为此取消了私人休假，也知道这件事对 CNBC 非常重要。于是他说："苏，不用发邮件了，为什么我不能亲自到你的工作室去呢？"

于是，韦尔奇在接下来的 1 个星期里，与苏的 15 人团队一起，吃着饼干，喝着可乐，讨论了几十个应对方案。那个星期的最后一天，CNBC 的所有人，从电脑制作的人到布景设计的人，都加入讨论中。在韦尔奇的参与下，CNBC（而不仅仅是《商务中心》节目组）采取了以下对策：把《商务中心》的节目时间延长，并从每晚的 6：00 开播；在多布斯出场的当天早晨，由 CNBC 的另一个节目把苏请到演播室作为嘉宾与观众见面；CNBC 的体育节目在周末播出 NBA 总决赛时，播出《商务中心》的节目预告。

这样，韦尔奇俨然成了 CNBC 的项目经理。他说，多布斯的复出无疑会夺走一部分观众，但我们决不让他轻易做到这一点。这将是一场持久战，但我们要赢得第一场战斗。

结果，星期一《商务中心》与《货币之线》打了个平手，而到了星期四，《商务中心》的收视率就明显超过了《货币之线》。正是韦尔奇的亲临指导，使 CNBC 的全体员工增强了战胜对手的决心，并最终创下了收视率的新高。

40. 亚佛斯德原则：重赏之下必有勇夫

◖内　容▸ 你若能在他人心中激起一种急切的需求，并能引导这种需求，你便能无往不利。

◖提出者▸ 德国人类学家 W. S. 亚佛斯德。

团队运行当中，诱导和刺激员工使其产生工作积极性有很多种方式，其中最直接也是最基本的是利用物质薪酬进行激励。员工工作的直接动因是想获得工资收入，以维持其生活和提高生活品质。

对于一个处于创业初期的企业来说，"先增加利润还是先提高工资"就像"先有蛋还是先有鸡"一样难回答。但对于想成就事业的现代管理者而言，答案是"一定要先提高工资"。虽然做出这种决定后，公司暂时会遇到困难，但是只要勇于克服困难，道路就将最终变得通畅。

提高了员工的工资以后，管理者就会抱着背水一战的决心，不达目的决不罢休；而获得高工资的下属也会因为待遇的改善而更加努力地工作。要把企业每一个员工个人的切身利益与企业的发展和效益紧密挂钩，要将企业的管理者和员工一视同仁，万万不能搞"穷庙富方丈"，更不能搞"众僧皆贫方丈富"。要记住，钱不是万能的，但没有钱是万万不能的。把钱作为唯一的激励手段是不明智的，但否认金钱的作用肯定是愚蠢的。

钱是工作动机的重要诱因。作为交换的中介，它是员工购买生活必需品的手段。金钱还有计分卡的作用，通过它，员工可以评估组织对自己服务价值的看法，还可以把自己的价值与别人的价值进行比较。

由此可见，金钱在所有因素当中所占的权重最高。团队领导要想留住员工，一定要尽量设计具有竞争力的薪酬制度。没有竞争力的薪酬制度很容易受到员工的"关注"，并可能导致员工流失。

然而，较高的工资水平并不必然产生员工的高忠诚度或低员工流失率。一旦达到平均薪酬水平，其他因素就会凸显出来。在这种情况下，管理者应该考虑以其他形式来满足员工的需要。

在员工的心目中，薪酬不仅仅是一定数目的钞票，它还代表了身份、地位、个人能力的高低和成就的大小。合理而有效的薪酬制度不但能有效地激发员工的积极性与主动性，促进员工努力实现组织的目标，提高组织的效益，而且能在竞争日益激烈的人才市场上吸引和保留住一支素质良好的员工队伍。相反，不合理的薪酬制度则是一种负激励因素，它会引发各种各样的组织矛盾，降低员工的积极性。因此，管理者必须对薪酬问题予以格外的关注。

　　管理者在激励时既不能没有物质激励手段，又不能将物质激励极端化，物质激励不到位以及过度使用物质激励都是无效的。物质激励应与相应的制度结合起来，制度是目标实现的保障，企业要充分重视薪酬制度的合理性，以充分发挥薪酬制度对员工的激励作用。工作是经济行为，员工是"经济人"。根据员工表现和公司财务情况，进行适合的物质奖励，是最明智的管理方式。

☀ 微案例

　　印度西姆拉山城的奥比洛，青年时在一家旅馆打工。后来他的管理者收购了一家名叫卡尔顿的中级商场，但因经营不善，无力再经营下去了，准备将其卖出。这时，奥比洛以百倍的信心、周密的计划说服了家人，说服了亲朋好友，终于凑钱买下了这家商场。这是奥比洛平生第一次登上经理的宝座，并由此开始了他的事业。

　　但此时这家中级商场的状况很不乐观，这给奥比洛出了个极大的难题。奥比洛抱着"从舞台上跳下去"的决心，决定扩大商场的经营规模。他多方借贷，筹集了足够的资金把商场面积由 400 平方米扩大到了 3000 平方米。这时，他又遇到了缺乏优秀管理人才的问题。于是，他又花了半年的时间，把一家大商场的部门经理挖了过来，并破格任命他为商场的业务经理，此人还从原单位带来了 10 个人。对这些人，奥比洛不仅都委以重任，而且支付给他们高于原单位的工资，使这个商场的工资提高到了大商场的工资水平。这一系列决定，对于正缺乏资金的奥比洛来说无疑是雪上加霜，这甚至使他常常夜不能寐。但是，后来的事实证明，奥比洛的决定是对的，在经过了 1 年多的发展之后，商场开始盈利，很快便收回了全部的投资。

第四章　会运用技术，团队建设
是分分钟的事

41. 凝聚效应：在别的因素保持不变的状态下，企业的
凝聚力越大，企业就越有活力

◉内　容▶ 在别的因素保持不变的状态下，企业的凝聚力越大，企业就越有活力，这个企业的生产效率也就越高。

◉提出者▶ 美国社会心理学家沙赫特。

集体可以满足人们取得成就的需要。人们普遍具有一种探索、创造并且取得成就的需要。当通过努力，在某个方面取得成绩的时候，他们就会产生一种积极的情感体验，就会感到精神上的满足。然而个人的力量是有限的，如果能够得到集体中成员的帮助和支持，他们不仅会越来越深刻地体会到集体的力量、魅力，更会在集体的帮助下取得更大的成就。

在集体中，人们不仅得到多种需要的满足，同时还逐步认识到个人与集体的关系。只有每个成员都对集体负责，主动承担集体义务，逐渐形成集体意识，产生集体责任感、荣誉感的时候，集体才真正具有凝聚力，才能产生凝聚效应。需要指出的是，凝聚效应也具有两面性，要防止狭隘小团体思想的产生。

团队凝聚力是保证团队存在与发展的必要条件。一个团队如果丧失凝聚力，就会像一盘散沙，呈现出低效率状态，难以维持下去；而凝聚力较强的团队，其员工工作热情高，做事认真，并不断地有创新行为。可见，团队凝聚力也是实现团队目标的重要条件。

团队领导者在给予每位成员自我发挥的空间的同时，还要消除个人英雄主义，搞好团队的整体搭配工作，形成协调一致的团队默契；同时还要努力使员工懂得彼此间相互了解、取长补短的重要性。如果能做到这些，团队就能凝聚出高于个人力量总和的团队智慧，就能创造出惊人的团队绩效。

☀ 微案例

日本的松下公司就非常重视企业凝聚力的作用。早在 1945 年，号称"经营之神"的松下幸之助就提出，"公司要发挥全体员工的勤奋精神"，并不断向员工灌输"全员经营""群智经营"的思想。为打造坚强的团队，在 20 世纪 60 年代，松下公司会在每年正月的一天，由松下幸之助带领全体员工，挥舞着旗帜，把货物送出。在目送几百辆货车壮观地驶出厂区的过程中，每一个工人都会升腾出由衷的自豪感，为自己是这一团体的成员感到骄傲。

在培养全体员工的团队意识的同时，松下公司更是花大力气激发每一个工人的智慧和力量。为达到这一目的，公司建立提案奖金制度，不惜重金在全体员工中征集建设性意见。虽然公司每年颁发的奖金数额巨大，但正如公司劳工关系处处长所指出的："以金额来说，这种提案奖金制度每年所节省的钱超过给员工所发奖金的 13 倍。"不过，松下公司建立这一制度的最重要的目的并不是节省成本，而是希望每个员工都参加公司的管理，希望每个员工在他的工作领域内都被认为是"总裁"。

正是因为松下公司充分认识到企业凝聚力的重要性，并在经营过程中处处体现这一思想，所以松下公司的每一个员工都把公司视为自己的家，把自己看作公司的主人。纵使公司不公开征集，各类提案仍会源源不断，员工随时随地——在家里，在火车上，甚至在卫生间里，都会思索提案。

松下公司与员工间建立起可靠的信任关系，员工自觉地把自己看成公司的主人，产生为公司做贡献的责任感，焕发出了高涨的积极性和创造性。松下公司因此形成了极大的亲和力、凝聚力和战斗力，使公司不但从一个小作坊发展成世界上家用电器公司巨头之一，而且成为电子信息产业的大型跨国公司。其产品品种之多、市场范围之广、成长速度之快和经营效率之高都令人惊叹。

42. 史提尔定律：合作是一切团体繁荣的根本

◎内　容▶　合作是一切团体繁荣的根本。

◎提出者▶　英国自由党前领袖 D. 史提尔。

企业间的竞争，说到底就是人的竞争。企业领导，如果只强调"我要成功"，将会越来越不能适应当前日渐激烈的商战；只有强调"我们成功"，才能使企业立于不败之地。

团队精神就是一个人与别人合作的精神，是一种职业精神。在社会分工越来越细的今天，合作已经是天经地义的事了，也是公司发展的必要前提。俗话说：人多力量大。这是真理。你要独立完成一份工作已经是一件费力不讨好的事情了，而许多事通过团队就会轻而易举地得以解决。团队还会帮助你度过最艰难的时期，帮助你解决危机。

你是一滴水，只有融入大海之中你才不会干涸；你是一棵树，只有在大森林里你才能卓越成长；你是一只大雁，只有在雁群里你才会飞到目的地。把自己融入团队之中去，不要孤立自己，不要为了眼前的一丝小利而自私。要知道，你只有借助团队，才能得到更好的发展，团队就是你成功的垫脚石和梯子。依靠团队是最佳的成功之道。

☀ **微案例**

一家小有名气的公司招聘高层管理人员，九名优秀应聘者从上百人中脱颖而出，闯入了由公司老板亲自把关的复试。

老板看过这九个人的详细资料和初试成绩后，相当满意，但此次招聘只有三个工作岗位，所以老板给大家出了最后一道题。

老板把这九个人随机分成三个小组，指定甲组去调查婴儿用品市场，乙组调查妇女用品市场，丙组调查老年用品市场。为了避免他们盲目地开展调查，老板还给每人准备了一份相关行业的资料。

2天后，九个人都把自己的市场分析报告送到了老板手里。老板看完后，走向丙组的三个人，向他们恭喜道："你们已经被本公司录用了。"

看着剩余的六个人大惑不解的表情，老板呵呵一笑说："我给各位的资料都不一样，甲组的三个人得到的分别是对过去、现在和将来婴儿用品市场的分析，其他两组的也类似。但丙组的人最聪明，互相借用了对方的资料，补全了自己的分析报告。而甲、乙两组的人却分别行事，抛开队友，自己做自己的。"直到此时，被淘汰的六个人才明白，老板设置最后一道题的目的是，想看看大家有没有团队合作意识。甲、乙两组失败了，原因在于他们没有合作，忽视队友的存在。要知道，员工具有团队合作精神才是现代企业成功的保障。

43. 巴得斯法则：创造亲睦和谐的气氛

◉**内　容**▶ 与自由交换意见相结合的、随意的气氛，是调动群体潜力
　　　　　的必要条件。

◉**提出者**▶ 英国组织行为学家 D. A. 巴得斯。

一个组织在生存发展的过程中，必然要协调两种关系：一是组织与

外部环境的关系，即如何适应环境；二是组织内部的关系。协调内部关系是协调组织与外部环境关系的基础。组织内部关系不外乎两类，即人与人的关系和人与物的关系。其中，人与人的关系占据主导地位，这一关系处理得好，对处理好人与物的关系有保证作用。所谓人和，有两层含义：其一，团结一心，感情融洽；其二，配合默契，动作协调。这也是组织内人与人关系协调的两个重要标志。也可以说，人和就是人与人关系协调。

亲睦和谐气氛的形成，受多种因素影响，其中，居于组织核心地位的管理者的主观努力起着关键的、决定性的作用。

（1）使组织成员有明确的、相同的价值观念。共同的理想和追求是组织成员团结协作的思想基础。如果忽视了这一点，只寻求性格一致、脾气相投，这样的和谐是低层次的、不可靠的。只有具备明确的、相同的价值观念，人们才能在较高层次上求同存异，这样的和谐才有价值。

（2）广布爱心于组织之中。在组织内部上下左右广泛地沟通感情，与员工互相爱护、互相帮助，彼此成为知己，这样做的效果在于能够一呼百应，形成凝聚力。

（3）善于化解组织成员间的矛盾。大家在一个锅里抢马勺，难免磕磕碰碰。管理者要做好疏导工作，使组织成员经常保持团结。

（4）注意抑制组织内部派系组织的消极作用。现代社会组织内部普遍存在着非正式的派别关系，如同学、同乡、师生、亲戚等，管理者应注重对派别行为进行引导，使之发挥积极作用，抑制其消极作用，以维护统一组织的亲睦和谐与团结一致。

（5）注重个体间的协调与配合。一个组织，在所有成员团结一致的基础上，应当进行科学的分工，使组织成员各就其位、各展所长，从事各自能够胜任并感兴趣的工作。组织成员互相协作、彼此配合，组织才会更好地实现目标。

组织内部团结一致、左右亲和，有益于员工的身心健康，便于工作积极性的发挥，产生高昂士气。相反，如果上下异心，左右矛盾，内耗增大，组织士气低落，员工的积极性就无法得到发挥。

当然，创造亲睦和谐的气氛绝不是说在组织内只求一团和气而不讲原则，不要规章制度。如此，组织内个体的行为就失去了约束，人们便会随心所欲、为所欲为而成为一盘散沙，失去了实现组织目标所需的统一意志和战斗力。

微案例

松下公司获得成功的一个重要因素是"精神价值观"。松下幸之助规定公司的活动原则是"认清实业家的责任，鼓励进步，促进全社会的福利，致力于世界文化的繁荣发展"。松下幸之助给全体员工规定的经营信条是"进步和发展只能通过公司每个人的共同努力和协力合作才能实现"。进而，松下幸之助还提出了"产业报国、光明正大、友善一致、奋斗向上、礼节谦让、顺应同化、感激报恩"七方面内容构成的"松下精神"。

在日常管理活动中，公司非常重视对广大员工进行"松下精神"的宣传教育。每天上午，松下公司遍布各地的8.7万多名职工都会背诵企业的信条，放声高唱《松下之歌》，松下公司是日本第一家有精神价值观和公司之歌的企业。在解释"松下精神"时，松下幸之助有一句名言：如果你犯了一个诚实的错误，公司是会宽恕你的，把它作为一笔学费；而你背离了公司的价值规范，就会受到严厉的批评，直至解雇。正是这种精神价值观的作用，使得松下公司这样一个机构繁杂、人员众多的企业产生了强大的内聚力和向心力。

与此同时，松下公司建立的"提案奖金制度"也很有特色。公司不仅积极鼓励职工随时向公司提建议，而且由职工选举成立了一个推动提供建议的委员会。该制度在公司职员中得到较好推进，收到了良好的效果。仅

1985 年 1 月～10 月，公司下属的技术厂的区区 1500 名职工，就给出提案多达 7.5 万个，平均每人 50 个。1986 年，全公司职工一共提出了 66 万多个提案，其中被采纳的超过 6 万个，约占全部提案的 10%。公司对每一项提案都予以认真对待，及时、全面、公正地组织专家进行评审，观其价值大小、可行性，给予不同形式的奖励。即使有些提案不被采纳，公司仍然要给予适当的奖赏。仅 1986 年，松下公司用于奖励职员提案的奖金就高达 30 万美元。

松下幸之助经过常年观察研究后发现：按时计酬的职员仅能发挥工作效能的 20%～30%，而如果受到充分激励则可发挥 80%～90%。于是松下幸之助十分强调"人情味"管理，合理使用"感情投资"和"感情激励"，即拍肩膀、送红包、请吃饭。

值得一提的是公司的送红包政策。当你完成一项重大技术革新时，当你的一条建议为企业带来重大效益的时候，老板会不惜代价地重赏你。他们习惯于用信封装上钱款，单独而不是当众将它送给你。对员工来说，这样做可以避免别人，尤其是一些"多事之徒"不必要的斤斤计较，减少因奖金多寡而滋事的可能。

至于逢年过节，或是厂庆，或是职工结婚，厂长经理们都会慷慨解囊，请员工赴宴或上门贺喜、慰问。在餐桌上，上级和下属可尽情唠家常，谈时事，提建议，气氛和睦融洽，这样做的效果远比站在讲台上向员工发号施令好得多。

为了消除内耗，减轻员工的精神压力，松下公司公共关系部还专门开辟了一间"出气室"。里面摆着公司大大小小行政人员与管理人员的橡皮塑像，旁边还放上几根木棒、铁棍。假如哪位职工对自己的某位主管不满，心有怨气，就可以随时来到这里，对着他的塑像拳脚相加棒打一顿，以解心中积郁的闷气。过后，有关人员还会找你谈心聊天，沟通思想，给你解惑指南。久而久之，松下公司就形成了上下一心、和谐相容的"家庭式"氛围。

44. 皮尔·卡丹定理：在用人上一加一不一定等于二，用不好等于零

◎内　容▶　在用人上一加一不一定等于二，用不好等于零。

◎提出者▶　法国著名企业家皮尔·卡丹。

在一个组织中，每个人才之间最好形成相互补充的关系，包括才能互补、知识互补、个性互补、年龄互补、性别互补和综合互补。这样的人才结构，在科学上常需"通才"领导，使每个人才各得其位、各展其能，从而和谐地组合在一个"大型乐队"之中。

人才结构中的平衡互补原则，在现代企业的经营管理中起着越来越重要的作用，只有了解了人才结构中的互补定律后，才能更好地用人。

用人除了要了解人才的才能互补、知识互补外，还应了解人才的个性互补。无论在哪一个人才结构里，人才之间都存在着个性差异，每个人的气质、性格等都各有不同。一般而论，人才都有着鲜明的个性，如果抹杀了他们的个性特征，就等于抹杀了人才的才能。只有把他们组织在一个具有互补作用的人才结构中，才能充分发挥他们的作用。

用人还要注意其中的年龄互补。老年人、中年人、青年人各有各的特长和短处，不管从人的生理特点还是从成才的有利因素来讲，大都如此。因此，一个科学的人才结构，需要有一个比较合理的人才年龄结构，从而使这个人才结构保持创造性活力。

性别互补也非常重要。物理学上有条规则："同性相斥，异性相吸。"男女都需异性朋友。一般，人们与异性一起做事时，大家干得都格外起劲，也就是人们常说的"男女搭配，干活不累"。这种情形并非指谈恋爱，或者寻觅结婚对象，而是指在同一办公室中，如果掺杂异性，彼此的性情在不知不觉中就会调和许多。以前的公司内，有些部门全是男性，有些部门全是女性，并非故意如此安排，实则是工作上的需要，不得不如此。在

纯男性或纯女性部门中，经常有人发牢骚，员工情绪非常不稳定。于是有人建议安置一些异性进去，结果情况大为改观，员工不再那么愤世嫉俗了，而且工作积极性陡升，工作绩效也大为提高。

现在越来越多的人都认识到，办公室内若有异性存在，就可松弛神经，调节情绪。男女混合编制，不但能提高工作效率，还可成为人际关系的润滑剂，产生缓和冲突的调节作用。但是，男女混合编制要掌握一定的平衡规则。在众多男性中只安置一位女性，或者许多女性中只有一位男性，这样做都是不妥的。有效的男女混合编制至少要有20%的异性，同时彼此年龄相仿，因为彼此年龄悬殊，可能会形成代沟，也会合不来。

工作上不可能有男女混合编制时，应经常举办康乐活动或男女交谊团体活动，增加男女交往的机会。公司方面也不妨鼓励员工多参加公司以外的活动。总的来说，这样做对公司大有裨益。

平衡互补的用人之道在现代企业管理中，地位越来越高。企业规模越大，越需要在其人才结构中体现这一原则。

微案例

对于那些熟悉 SUN Microsystems（太阳计算机系统公司）的人来说，将公司的名字和 CEO 斯科特·迈克尼利联系在一起是一件理所应当的事情，但这位 CEO 自己最反对强调他个人的作用。SUN 的劳瑞·艾力森说："迈克尼利所做的事情之一就是用一些极佳的人选来弥补他的缺陷，围绕在他身边的不是一群唯唯诺诺之辈。"

迈克尼利旗下的精英们对 SUN 的大小决策都有发表意见的机会。迈克尼利本人非常看重大家的意见，即便是他与大家的看法正好相反也依然如此。1987 年，迈克尼利反对靠提高价格来冲抵不断攀升的成本，但最后还是按照大多数人的意见，将价格进行了调整。迈克尼利的同胞兄弟将他的这一特点归因于他们的家庭环境。他们的父亲在家中实行的就是"集体领导"。人们往往认为，征求大家的意见会造成时间上的拖延，但SUN成功地避开了这个陷阱。1987年从苹果计算机公司转到SUN的财务总监杰斯夫·格瑞兹诺说："这里的决策过程比我工作过的任何地方的都要快。"

像任何一个非常成功的CEO一样，迈克尼利靠培养和协调各种高层人才来壮大公司的人才队伍。在SUN，两个个性完全不同的人为公司做出了重要的贡献，他们是总经理爱德·扎德和首席技术专家比尔·乔伊。

扎德可能是在SUN的执行官中唯一能在体育比赛中与迈克尼利相比的人。扎德是移民的儿子，在纽约布鲁克林区这个大熔炉里长大。在这个区里，孩子们要么学会打架，要么盼望尽快搬到郊区去住。扎德一家在他12岁时真的搬到了郊区，这对这个不好管束的孩子来说，算是一种调教。

扎德的朋友给他起了"快爱德"这个绰号，因为他们觉得他充满了活力、智慧和不懈的竞争意识。这些特点是他和迈克尼利共有的。正因为如此，迈克尼利不惜花6年时间将扎德从阿波罗公司挖来。在许多方面，他又和迈克尼利很不一样，《福布斯》的丹尼尔·李扬表示：他（扎德）保持低调，精心策划，有节制，而迈克尼利好张扬，毫无规律。

迈克尼利"定下目标"后，由扎德去具体实施。SUN的首席财务官麦克·莱曼也有类似的评价：迈克尼利有远见，有领导才能，他很善谈；扎德谈得较多的是客户、市场和直接的机遇。

迈克尼利简短地总结了这种不同："我更关注长期，爱德更关注短期。"

比尔·乔伊，这位SUN杰出的、反传统的哲学家，不断创新的首席技术专家和直截了当、讲究实用主义的爱德·扎德完全不同。事实上，乔伊选择生活在云中：他在科罗拉多州的落基山脉滑雪城爱斯本工作，据说是为了避开硅谷的拥堵交通和SUN的会议。

乔伊和迈克尼利是四个创始人之中仍留在该公司的两个，他们俩都是被现已出走的两个创始人招来的。乔伊在加州大学取得了硕士学位，是四个创始人中唯一没有获得斯坦福大学MBA学位的人，但他是为SUN的成就做出贡献最大的人，这是因为他在电脑及各种电子装置的网络化研究上取得了巨大的成就。网景通信公司的创始人马克·安迪森表示，他所做的将对整个行业产生深远的影响，他是唯一一个设计了微处理器、为一个新运营系统编码、发明了一种计算机语言的人。乔伊的研究成果里有大名鼎鼎的 Java（一种计算机编程语言），这种语言不经修改就可在不同的平台上运行，因此人们能随心所欲地开发程序和利用因特网。乔伊在硕士研究生时就为此研究奠定了基础。他编写了自己的 UNIX（UNIX 是美国电话电报公司为大型计算机开发的运行系统）版本。任职于 Google（谷歌）的艾瑞克·切米回忆说："他通常整夜都在编码，我们其他人只写了一点儿，他写了数百万行。"因此，乔伊才引起了 SUN 其他创始人的注意。他们意识到需要乔伊来一起推动 SUN 发展。迈克尼利庆幸公司创始人发现了乔伊这样的人才——是他的工作维持了 SUN 的利润。

45. 位差效应："拿架子"是没有好处的

◎内　容▶　平等交流是企业有效沟通的保证。

◎提出者▶　美国加利福尼亚州立大学。

放下架子是领导缩短与下属距离的前提条件。领导如果卖弄权势，那么他就等于在出卖自己的无知；领导卖弄富有，等于出卖自己的人格。摆架子的人，不仅搞不好与领导的关系，也搞不好与员工的关系。

一个人作为领导，很容易产生高高在上的感觉，通俗地说就是"拿架子"。"拿架子"是没有好处的。对于下属而言，领导本来就高高在上，具有一种相对优越性。领导如果不注意自己的"架子"问题，总是摆出一副高高在上、神圣不可侵犯的姿态，势必在自己与下属之间划出一条鸿沟，从而切断与下属进行感情交流和沟通的纽带，拉远了上下级间的距离，更不可能引起下属的心灵共鸣。当权者放下架子是建立功绩的前提。

管理者不要经常板着一副威严的面孔，也不要总是摆出一副领导的派头。这样只会让下属对你望而却步，产生隔阂，你很难从下属那里听到真实的、有价值的意见和建议。

管理者应该跟下属打成一片。这就要求管理者经常走出办公室，到基层去，到员工中去，嘘寒问暖，了解情况，而不是整天坐在办公室老板桌的后面，冲着下属指手画脚。

管理者，放下架子，收起你威严的面孔，走到员工中去吧。平易近人地跟下属相处，他们才会跟你心连心，公司的凝聚力和战斗力也会随之大大增强。

微案例

作为索尼的缔造者，盛田昭夫具有非凡的亲和力，他喜欢和员工接触，经常到各个下属单位了解具体情况，争取和更多的员工直接沟通。稍有闲暇，他就到下属工厂或分店转一转，找机会多接触一线员工。他希望所有的经理都能抽出一定的时间离开办公室，到员工中去，认识、了解每一位员工，倾听他们的意见，调整部门的工作，使员工生活在一个轻松、透明的工作环境中。

有一次，盛田昭夫在东京办事，看时间有余，就来到一家挂着"索尼旅行服务社"招牌的小店，对员工自我介绍："我来这里打个招呼，相信你们在电视或报纸上见过我，今天让你们看一看我的庐山真面目。"一句话逗得大家哈哈大笑，气氛一下由紧张变得轻松起来。盛田昭夫趁机四处看一看，并和员工随意攀谈家常，有说有笑，既融洽又温馨，盛田昭夫和员工一样，沉浸在一片欢乐之中，并为自己是索尼公司的一员而自豪。

索尼高层管理者的这种亲和力，使公司凝聚了一股强大的合作力量，公司借着这么一支同心协力的队伍——他们潜心钻研、固守岗位、自觉负责、积极生产、不为金钱、屡战屡胜，一步一个脚印，在高科技新产品开发上，把对手一次又一次地甩在后面。

46. 古德定律：成功的沟通，靠的是准确地把握别人的观点

◎内　容▶ 成功的沟通，靠的是准确地把握别人的观点。

◎提出者▶ 美国心理学家 P. F. 古德。

协调沟通，从一定意义上讲，就是通过面对面的交谈和心灵之间的沟通，最终达到说服、教育、引导和帮助人的目的。要做好这项工作，领导不仅要有较高的理论素养，还需要掌握比较高超的人际沟通艺术。因此，领导与员工沟通时要把握好以下几个方面：

（1）平等待人。领导与员工沟通时，不论是一般的交流、谈心，还是了解有关情况，或是有针对性地对员工说服、教育、批评、帮助，自己首先要明白一点，即相互之间虽有职位高低、权力大小、角色主动与被动等差别，但在人格上是平等的。领导不能居高临下，要放下官架子，以平等的朋友式、同志式关系相待。领导若是动辄以"这件事已经定了""难道我错了""是你说了算还是我说了算"等态度处理问题，势必会使员工产生戒备心理或反感情绪。

（2）真诚关心。每个人都渴望能引起别人的注意，得到同事，特别是领导的关心、理解、同情和帮助。因此，领导应注意经常观察每个下属的言谈、举止、态度、情绪和工作方面的微小变化，并分析产生这些情况的可能原因。在发现下属的某些表现反常后，领导要主动创造机会了解情况，帮下属解决困难。

（3）肯定优点。肯定、赞扬和激励，是调动人积极性的加油站。领导在日常工作中要经常肯定员工做出的成绩。哪怕是对平淡无奇的小事加以称赞，都能打动人，在表扬的激励下，人们会把事情做得更好。善于发现每个员工的"闪光点"，并在适当场合及时给予由衷的表扬，是领导应当很好地掌握的、比批评更有效的工作方法之一。

（4）设身处地。常言道，要想公道，打个颠倒。这就要求领导要善于"换位思考"，学会设身处地地站到对方的立场上考虑问题。善于换位思考，指出对方想法合乎情理的一面，并表示同情和理解，这既体现出对他人观点的尊重，又可避免两种观点的正面冲突和尖锐对立。当然，设身处地和换位思考，并不等于迁就错误，而是为了体察事情的发生、发展，找准问题的原因和对方的动机，以便更有针对性地分析、引导，使对方较为容易地接受自己的观点。如果不试图理解对方，而是一开始就拿出一些大原则和大道理，直截了当地批评对方，便很难达到比较满意的效果。

（5）留有余地。人们大都很爱面子，有时尽管明知是自己错了，为了维护自己的面子，往往也会强词夺理，甚至无理纠缠。遇到此种情况，除了需要运用恰当的方式、方法外，还要注意留有余地，给人台阶下，以保全对方的面子。因此，沟通时不要把话说满、说绝、说死，不要不讲任何情面、不留一点回旋余地。不然，不仅谈话会充满"火药味"，还会招致员工对领导个人的敌意，形成难以化解的思想隔阂。留有余地并不等于放弃原则或无条件退让。遇到一些重大的原则问题，双方观点分歧较大，情绪都比较激动或僵持不下时，一句"要不等我再了解一下情况后再谈"或"请你回去再考虑一下，有机会我们再谈"，不仅可以缓解一下紧张气氛，还可以给自己留下更多的思考时间。

相互间的沟通与交流，是一门比较复杂的艺术。准备情况、场合、时机、在场的其他人员、谈话的语气、气氛及双方的表情、情绪等，都会对沟通效果产生较大的影响，只有在实践中不断探索、总结和积累，才能逐步提高沟通技巧。

微案例

美国达纳公司是一家生产诸如铜制螺旋桨叶片和齿轮箱等普通产品，主要满足汽车和拖拉机行业普通二级市场的需要，拥有30亿美元资产的企业。20 世纪 70 年代初，该公司的员工人均销售额与全行业平均数相等。到了 70 年代末，在并无大规模资本投入的情况下，它的员工人均销售额已猛增了 3 倍，一跃成为《幸福》杂志按投资总收益排列的 500 家公司中的第 2 位。这对于一个身处如此普通行业的大企业来说，的确是一个非凡的纪录。

1973 年，麦斐逊接任公司总经理，他做的第一件事就是废除原来厚达 57 厘米的政策指南，取而代之的是只有一页篇幅的宗旨陈述。其中有一条是：面对面的交流是联系员工、保持信任和激发热情的最有效的手段；关键是要让员工知道并与之讨论企业的全部经营状况。

麦斐逊说："我的意思是放手让员工去做。"他指出："任何做这项具体工作的专家都是干这项工作的人，如不相信这一点，我们就会一直压制这些人对企业做出贡献及其个人发展的潜力。在一个制造部门，在方圆二三平方米的天地里，还有谁能比机床工人、材料管理员和维修人员更懂得如何操作机床、如何使其产出最大化、如何改进产品质量、如何使原材料流量最优化并有效地使用呢？没有。"他又说："我们不把时间浪费在愚蠢的举动上。我们没有种种手续，也没有大批的行政人员，我们根据每个人的需要、每个人的志愿和每个人的成绩，让每个人都有所作为，让每个人都有足够的时间去尽其所能。我们最好还是承认，在一个企业中，最重要的人就是那些提供服务、创造和增加产品价值的人，而不是那些管理这些活动的人。这就是说，当我处在你们的空间里时，我还是得听你们的！"

麦斐逊强调说："切忌高高在上、闭目塞听和不察下情。"麦斐逊非常注意面对面的交流，强调同一切人讨论一切问题。他要求各部门的所有成员间每月举行一次面对面的会议，直接而具体地讨论公司每一项工作的细节情况。麦斐逊非常注重培训工作和员工的自我完善。仅达纳大学就有数千名员工在那里学习，他们的课程都是务实方面的，但同时也强调人的信念，许多课程都由老资格的公司副总经理讲授。

47. 威尔德定理：人际沟通始于聆听，终于回答

◎内　容▶ 语言的含义并不在语言中，而是在说话者的心里。因此，有效倾听的意义，不仅在于你是否在倾听对方要表达的内容，更重要的是它体现了你是否对表达者有人格的尊重。

◎提出者▶ 英国管理学家 L. 威尔德。

在员工说话的过程中，如果领导不能集中自己的注意力，真实地接收信息，主动地去理解对方，员工就会认为领导忽略、轻蔑、瞧不起、歧视自己，认为领导是冷漠甚至残酷的。员工有了这样一些感受，就变成了"问题员工"，就会"炒"老板的鱿鱼。

员工在说话或陈述意见时，希望领导能认真地倾听他们的讲话，希望能被领导理解，希望他们的思想和见解得到尊重。因此，当员工陈述观点时，领导切忌中途打断他们的话，避免使其产生防范心理。在倾听过程中，领导要及时给予反馈，因为没有信息反馈，员工就不知道自己说的是否被理解。真实的信息反馈是上下级间相互信任的必要条件。

成功的领导，从来都会耐心地倾听来自下属的各方面的声音，并以此来与下属沟通，从而达到有效管理。

倾听是一种智慧，它超越我行我素、自以为是的封闭；倾听是一种境界，它造就涵容万象、兼收并蓄的人生气度；倾听是一种思想，它意味着沉思默想、贯通物我的明达——团队管理中真正的倾听，是一种心灵美好的相互期待与相互唤醒。要听出重点，听出优点，听出弱点，听出漏洞。

微案例

　　有一次，在本田技术研究所内部，人们就汽车内燃机是采用"水冷"还是"气冷"的问题发生了激烈的争论。本田宗一郎是"气冷"的支持者，因为他是管理者，所以新开发出来的 N360 汽车采用的都是"气冷"式内燃机。

　　争论是由在法国举行的一级方程式锦标赛引发的。一名车手驾驶本田汽车公司的"气冷"式赛车参加比赛。在跑到第三圈时，由于速度过快赛车失去了控制，撞到了围墙上。接着，油箱爆炸，车手被烧死在里面。此事引起了巨大反响，也使本田"气冷"式 N360 汽车的销量大减。因此，本田技术研究所的技术人员要求研究"水冷"式内燃机，但被本田宗一郎拒绝了。一气之下，几名主要的技术人员决定辞职，本田公司的副社长藤泽感到了事情的严重性，就打电话给本田宗一郎说："您觉得您在公司是当社长重要呢，还是当一名技术人员重要呢？"

　　本田宗一郎在惊讶之余回答道："当然是当社长重要啦！"藤泽毫不留情地说："那你就同意他们去搞'水冷'式内燃机研究吧！"

　　本田宗一郎这才省悟过来，毫不犹豫地说："好吧！"

　　于是，几个主要技术人员开始研究，不久便开发出了"水冷"式内燃机。

　　后来，本田公司步入了良性发展的轨道。有一天，公司的一名中层管理人员西田与本田宗一郎交谈时说："我认为我们公司内部的中层领导都已经成长起来了，您是否考虑一下培养接班人呢？"

　　西田的话很含蓄，但表明了要本田宗一郎辞职的意愿。本田宗一郎一听，连连称道："您说得对。您要是不提醒我，我都忘了，我确实是该退下来了，不如今天就辞职吧！"由于涉及移交手续方面的诸多问题，几个月后，本田宗一郎把董事长的位子让给了河岛喜好。

对下属提出来的让其辞职的意见，本田宗一郎很爽快地接受了。这样一位虚心听取下属意见的领导，下属怎么会不敬佩呢？无怪乎，本田公司至今仍屹立不倒，本田宗一郎在日本甚至整个世界的汽车制造业里享有很好的声誉。

48. 狄克逊定律：有摩擦才有进展

◉**内　容**▶　有摩擦才有进展。

◉**提出者**▶　美国笛卡尔财政公司前总经理狄克逊。

摩擦和冲突在任何团队中都是不可避免的，团队中蕴含着异议及分歧，这是团队领导经常要面对的重要问题。在管理学中，冲突可以分为两种，即功能正常的冲突（简称良性冲突）和功能失调的冲突（简称恶性冲突）。区分二者的标准就是看其对团队的绩效是否有正面影响。如果能把团队内的良性冲突维持在一定水平，那么冲突不仅不会破坏成员间的关系，还会促进彼此的沟通，从而提高决策质量，产生更多的创新方案，最终提高团队绩效。

目前，大多数团队领导已经意识到，团队中的冲突是不可避免的，不能指望成员一直相安无事。冲突管理的出发点应是激发良性冲突，解决恶性冲突，而不是"大事化小，小事化了"，盲目压制所有冲突。一味地回避冲突、无原则地保证团队内部的"和谐"，可能会将需要解决的重要问题掩盖起来。久而久之，这些未解决的问题会变得更加棘手，到不得不解决的时候，已经给团队带来了极大的破坏甚至是危机。典型的例子是团队成员对于薪酬制度的不满所引起的冲突，团队领导为了求得团队的"团结和谐"，可能会强硬地将这类意见压制下去，而团队成员在长期感觉遭受不公正待遇的心态下，会离职甚至出现集体离职的情况，结果给团队带来了严重的危机。

所以，团队领导应该正确地理解冲突，善于利用冲突，激发良性冲突，并且尽量避免恶性冲突。只有这样，才有助于激活团队的创新能力。

微案例

1960 年，京都制陶公司的工人还只是拿工资，他们与公司的十几个创业者不同，创业者在公司都有股份，而他们则是地地道道的打工仔。但是，在工作负荷上，公司创始人稻盛和夫以小兄弟的拼命标准来要求他们，总是让他们拼命工作到深夜。稍有迟滞或失败，稻盛和夫就毫不留情地责骂他们。久而久之，工人们怨声载道，日积月累的不满情绪终于发展成抗议，11 名员工突然向稻盛和夫递交了抗议书，他们集体在抗议书上按下血手印，并提出减时、加薪、增发奖金等多项要求，否则将集体辞职。

这时，稻盛和夫可以采取两种做法：一种是先答应加薪等要求，留下骨干，再各个击破；另一种是让他们集体走人，但公司要遭受极大的损失。在这种情况下，稻盛和夫没有乱了方寸，他对大家说："要公司保证你们将来的薪水，我不能打保票。在录用你们时，我曾经说过，公司刚刚成立，需要我们共同努力。今后公司的前景如何我也没有把握，拿不清楚的东西向你们保证，那是骗人的。虽然我不能保证这些，但我一定会为大家的利益尽力而为。"

稻盛和夫的说服工作一直进行了三天三夜。他没有向员工们空许愿，而是讲道理。终于大多数员工回心转意了，但还有一个人坚持，他说："大丈夫一言既出，驷马难追，说过辞职就不能反悔。"稻盛和夫说："我要是骗你的话你拿匕首来刺我好了，我已经做好了准备，想要和我决斗也可以。"老板的话落地有声，感动了全体员工，他们收回了自己的抗议书。就这样，稻盛和夫以自己的真诚和对员工的尊重有效消除了与员工的冲突。

49. 木桶定律：补齐每一个"短木板"

◉内　容▶ 构成组织的各个部分往往是优劣不齐的，而劣势部分往往决定整个组织的水平。

◉提出者▶ 美国管理学家彼得。

在一个团队里，决定整个团队战斗力强弱的不是那个能力最强、表现最好的人，而恰恰是那个能力最弱、表现最差的落后者。

一个企业要想成为一个结实耐用的"水桶"，就需要先想方设法增加所有木板的长度，只有这样，才能充分体现团队精神，完全发挥团队的作用。在这个充满竞争的时代，越来越多的管理者意识到，只要组织里有一个员工的能力很弱，就足以影响整个组织达成预期目标的可能性。而要想提高每一个员工的竞争力，并将他们的力量有效地凝聚起来，最好的办法就是对员工进行教育和培训。企业培训是一项有意义而又实实在在的工作，许多著名企业都很重视对员工的培训。

员工培训实质上就是通过培训来增大"木桶"的容量，增强企业的总体实力。而要想提升企业的整体绩效，除了对所有员工进行培训外，更要注重对"短木板"——"非明星员工"的开发。

在实际工作中，管理者往往更注重对"明星员工"的利用，而忽视对一般员工的利用和开发。如果企业将过多的精力放在关注"明星员工"上，而忽略了占公司多数的一般员工，就会打击团队士气，从而使"明星员工"的才能与团队合作失去平衡。所以说，占公司绝大多数的"非明星员工"也需要鼓励，对"非明星员工"激励得好，效果可以大大胜过对"明星员工"激励的。

微案例

被誉为美国"最佳管理者"的 GE 公司总裁麦克尼尔宣称，GE 每年的员工培训费用就达 5 亿美元，并且将成倍增长。

惠普公司内部有一个关于管理规范的培训项目，仅仅是这一个培训项目，研究经费每年就高达数百万美元。惠普不仅研究培训内容，而且研究哪一种培训方式更易于被人们接受。员工进入惠普，一般要经历四个自我成长阶段：一是自我约束阶段，即不做不该做的事，强化职业道德；二是自我管理阶段，即做好应该做的事，加强专业技能；三是自我激励阶段，即不仅做好自己的本职工作，还要思考如何为团队做出更大贡献，思考的立足点需要从自己转为整个团队；四是自我学习阶段，即随时随地都要学习。

第五章　管理的核心就是"决策"

50. 兰德定律：世界上每 100 家破产倒闭的大企业中，有 85% 是企业管理者的决策不慎造成的

◉内　容▶ 世界上每 100 家破产倒闭的大企业中，有 85% 是企业管理者的决策不慎造成的。

◉提出者▶ 美国兰德公司。

凡事预则立，不预则废。每个企业的发展都离不开市场，但是市场是发展变化的。当前，企业间的竞争异常激烈，相互之间不仅仅是人才、资本、产品和技术水平的比较，同时也是行动速度的对抗。俗话说"抢先一步赢商机"，企业如果不善于谋划未来，鼠目寸光，只是关注当前，就会失去潜在的效益。在《卓有成效的管理者》一书中，管理大师德鲁克表示：管理得好的企业，总是单调乏味的，没有任何激动人心的事件。那是因为，凡是可能发生的危机早已被预见，企业已将它们转化为常规作业了。从中人们可以推导出这样一个结论：好的企业从不寄希望于意外的好运气，也从来不会遇到意外的打击，只要按照计划经营，就会不断地实现设定的目标。

眼界的不同决定了思路的不同，思路的不同决定了计划的不同，计划的不同决定了结果的迥异。当别的公司还在一门心思地钻研如何将衣服制

作得更华丽的时候，玛莎公司却在思考如何让衣服被平民百姓接受。将目标分解成具体的计划之后，玛莎团队的整个气势和状态都远远超过同行，在别人看来几乎是不可能的扩张景象逐渐地、自然而然地出现在玛莎公司中。

计划上的超前，必然带来行动上的超前，个人发展如此，企业发展更是如此。在市场竞争激烈的今天，每一名企业管理者都应该有超前的战略意识，具备博学善思的素质。要想走在市场变化的前面，就必须提前了解、研究客户和消费者的潜在需求，通过不断挖掘市场潜力、提高产品的市场份额来获得更大的赢利空间，在市场竞争中取得优势。

微案例

一群踌躇满志、意气风发的天之骄子从哈佛大学毕业了，他们的智力、学历、环境条件都相差无几。在他们毕业之际，哈佛对他们进行了一次关于人生计划的调查，结果是这样的：27%的人，没有计划；60%的人，计划模糊；10%的人，有清晰但短期的计划；3%的人，有清晰而长远的计划。

25年后，哈佛对这群学生进行了跟踪调查，结果是这样的：那3%的人，25年间朝着一个方向不懈努力，几乎都成为社会各界的成功之士；那10%的人，不断实现他们的短期计划，成为各个领域中的专业人士；那60%的人，安稳地生活与工作，但都没有什么突出的成绩；剩下的那27%的人，过得并不如意。

51. 儒佛尔定律：有效预测是英明决策的前提

◉内　容▶ 有效预测是英明决策的前提；没有预测活动，就没有决策的自由。

◉提出者▶ 法国未来学家 H. 儒佛尔。

决策影响未来的发展，这就需要决策管理者具有超前意识。超前意识是一种根据将来可能出现的状况对现实进行弹性调整的意识。它可以对前景进行预测性思考，可以使人们调整现实事物的发展方向，从而帮助人们制订正确的计划和目标并实施正确的决策。

未来总会到来，又总会与今天不同。如果不着眼于未来，企业就会遇到麻烦。哪怕是最大的或最富有的公司，也难以承受这种危险；即使是最小的企业也应警惕这种危险。

卓有成效的决策者都明白所要解决问题的性质。很多人认为决策就是为了赚钱。这似乎并没有问题，然而这种意识很容易产生投机行为，即什么赚钱干什么。在一个市场发育完善、经济活动相对理性的环境中，这种行为会导致失败。我国当代的管理者和经理人必须明白，我国已经告别了短缺经济时代，任何一个市场都存在很大的风险，谨慎决策至关重要。

市场同质化、产品趋同化的倾向越来越明显，面对未来，决策者会充满各种各样的迷惑，决策者必须对市场的不确定性做出回应。这就要求决策者必须明确决策的目的，明确了目的就明确了决策需要实现什么、需要满足什么。

管理者如果是不懂技术、不了解创新产品性质和特点的非专业人士，往往以短期投机为目的，他们总是想大赚一笔就走，结果导致决策很随意和混乱。他们所造成的一幕幕巨人崛起和陨落的舞台剧，值得决策者警惕和反思。公司如果要成为一个有竞争力的长寿公司，就不能仅仅依靠决策者的个人判断，而需要建立一种决策优化机制。

微案例

1984 年，王石在深圳创建了万科企业股份有限公司（简称万科）。面对政策松绑的巨大市场空间，万科抓住机会，多元化发展，迅速取得了成功。公司创办后的前 7 年，万科的业务涉及进出口、零售、投资、房地产、影视文化、广告、饮料、印刷、电气工程等 13 类，可谓什么行业赚钱就做什么。这时候的万科坚持"做加法"。

1992 年，中国开放房地产行业。万科认为这是公司发展的大好机遇。于是，王石亲自带人到某房地产热点城市考察。当时该市的房地产市场正在热炒地皮。由于万科在房地产行业已运作了几年，在全国也有一定的名气，所以市领导对此次考察很重视。王石请了两位专家：一位是中国香港的投资分析专家，另一位是新加坡的城市规划师。王石请他们给该市的市领导讲课，看怎么建设这 40 平方千米的土地。专家讲，1 平方千米的土地需要 3 个亿，40 平方千米共需要 120 个亿。按照投入产出的一般规律，投入 1 个亿，产出 1.3 个亿，才是有效投资，使其投入不会闲置。按 1∶1.3 的比例，投入 120 亿元就要有 156 亿元的国民生产总值。当时，该市 1 年的国民生产总值才 15 个亿。也就是说，万科要以当时年营业额不过三四个亿的力量，在这里造出 10 个城市来。王石越听越坐不住了。课一讲完，他便回到了深圳。

这件事后，王石便开始反省：身为决策人，对这么一件天方夜谭的事情，居然没有看出它的荒谬性，而当时类似于这样以平方千米为单位的开发计划，又何止这一个呢？

王石意识到，必须明确万科的发展方向，并以此明确决策目的。没有论证的盲目投资，会给万科带来灭顶之灾。

于是，在 1993 年以后，万科开始全面收缩业务，并且其力度之大为企业改造所罕见，在当时的决策者看来也不可思议。首先，在涉足的多个领域中，万科提出以房地产为主业，从而改变过去摊子铺得过大而主业不突出的现象。其次，在房地产经营的品种上，万科提出以中档房地产市场的居民住宅为主，从而改变过去的公寓、别墅、商场、写字楼什么都干的做法。再次，在房地产投资地域上，万科提出回师深圳，由经营 13 个城市转为重点经营北京、天津、上海、深圳 4 个城市。最后，在股权上，万科开始转让持有的全国 30 多家公司的股票。

王石通过反思企业的发展方向而敏锐地认识到明确决策目的的重要性，并以此为根据，使万科改变了多元发展、尾大不掉的局面，从而摆脱了我国民营企业发展初期普遍存在的"短视导致短命"的悲剧命运。

52. 艾科卡原则：好的决策能够应对变化

◉内　容▶ 企业管理者在做出决策前，要想到决策执行后所发生的一切事情，需要做出能够应对变化的决策。

◉提出者▶ 美国克莱斯勒汽车公司前总经理李·艾科卡。

要领先于变化，就要有远见，能够准确地判断未来的趋势，并在这些趋势发生之前做好准备。市场环境瞬息万变，企业只有在变化中不断调整发展战略，保持健康的发展活力，并将这种活力转变成惯性，通过有效的战略不断发挥出来，才能获得并持续强化竞争优势，在变化中成为市场上最大的赢家。

面对一杯装了一半白开水的杯子，"杯子已经装了一半"和"杯子还有一半是空的"都是对它的正确描述。但从市场的眼光看，这两句话的意思是完全不同的，所产生的结果也完全不一样。当企业管理者的认识从"杯子已经装了一半"，变为"杯子还有一半是空的"时，就会发现市场空白。

其实发现市场空白并不重要，重要的是要能比别人领先一步。正如《孙子兵法》所说："胜兵先胜而后求战，败兵先战而后求胜。"打胜仗的军队总是事先创造取胜的条件，而后才同敌人作战；打败仗的军队总是先同敌人作战，而后企求侥幸取胜。

伴随着技术的发展和网络时代的到来，创新也不再仅仅是对市场需求的快速反应。在做好当下工作的同时，企业更需要关注未来的发展，企业领导更要有前瞻性的战略眼光。领先市场需求一小步，就是推动企业发展一大步。

好的决策能够应对变化，同时，好的决策必定是顺应变化的决策，因为任何与客观变化相抵触的决策，最终会一败涂地。

☀ 微案例

由于成功运用了流水生产线，福特汽车公司的汽车制造成本一下子下降了很多。到1924年，福特T型车的售价已降至不到300美元，这个价格低于当时马车的价格。当时没有任何一家汽车公司有能力将汽车成本控制到福特汽车成本之下，福特始终占据着价格优势，这种优势使福特成为美国汽车行业的领头羊。

如果说福特的成功是源自抓住了消费者渴望廉价汽车的心理，那么福特痛失行业领头羊位置的主要原因就是忽视了消费者的需求变化：随着汽车走进了千家万户，消费者开始对汽车的时尚性有了需求。

通用汽车公司将民众的愿望变为了可能，开发出著名的车漆，使汽车喷漆的干燥时间从几周缩短到几小时，并为汽车的外观提供了多种颜色方案。通用汽车的掌舵人斯隆在1924年的年度发展报告中阐述了著名的"不同的钱包、不同的目标、不同的车型"的市场细分战略。他根据价格范围对美国汽车市场进行了细分，每个通用汽车品牌的产品都针对一个细分市场。

通用的努力获得了丰厚的回报，从20世纪20年代中期到50年代的20多年，通用汽车的年度销售量翻了两番，很快就超过了福特汽车的，成为美国汽车市场上新的领头羊。

正是因为通用看到了消费者消费需求的变化，通用获得了超越福特的机会。在汽车工业发展史上，哪家企业率先发现需求变化，哪家企业就必定大获成功。在20世纪70年代初期，全球爆发了石油危机，这为一直对美国市场伺机而动的日本汽车公司带来了机会。

这一年，以丰田为首的日本汽车工业敏锐地发现了民众对小排量汽车的需求。日本汽车企业率先调整，它们减少了对耗油量大的大型汽车的投入，转而全力发展节能小型车。不出 3 年，日本汽车企业向美国出口的汽车量已经超过国内销量，在美国市场上的风头全面压过福特、通用和克莱斯勒。

错失小排量汽车发展良机的克莱斯勒汽车公司开始寻找新的市场需求，它们把眼光停留在厢型车上。传统厢型车的空间不够大，不能满足消费者旅行的需要，小货车又不够轻便。于是 1983 年，克莱斯勒汽车公司开发出介于传统厢型车和小货车之间的厢式旅行车系列，从而开辟了旅行车这一细分市场，成为这一市场的领军企业。

53. 斯隆法则：在没出现不同意见之前，不做任何决策

◎内　容▶　在没出现不同意见之前，不做任何决策。

◎提出者▶　美国通用汽车公司前总裁 P. 斯隆。

决策必须避免混乱，因为对于决策者而言，不能将眼光仅仅放在简单解决问题的层面上。倘若如此，决策者将陷入无穷的具体问题中而无法自拔。混乱的决策往往会造成决策力量的分散，使管理者忽视重要的战略决策。决策者应该摆脱"决策陷阱"，摆脱决策中的混乱局面，不要迷信直觉，而是应该冷静地分析现实、面对现实，听取大家的不同意见。决策者需要明白，自己不是消防队长，不能哪儿有火就奔到哪儿，一个人的力量是有限的，要靠大家的力量和智慧，自己的职责就是防止火灾发生。预防才是决策，而行动仅仅是在执行决策。如果决策者不能冷静下来分析决策的前提和现实的话，那么就更谈不上决策的有效性了。

为了避免决策混乱，决策者首先应该对决策进行分类：要按照优先原则，确定哪些是必须解决的战略决策，哪些是一般性的决策。决策者要高屋建瓴地理解企业发展所处的阶段，明确未来市场的需要以及目前企业自身所具备的条件，然后全面权衡利弊，从而理性地做出决断。

其次，决策者还必须防止决策的随意性，要尽量制订决策计划，既不

能轻易决策，也不能轻易改变决策。对于企业的生存与发展来说，决策是主要影响因素，有时甚至是决定性因素。同样的企业，同样的条件，因为决策者的决策风格不同，企业的经营情况就会出现明显的差异。

最后，管理就是决策，所以决策要谨慎，而且要慎之又慎。大多数民营企业管理者都将企业视为个人的所有物，习惯个人决策，因此格外重视对企业决策权的控制。但企业要做大、做强、做久，就一定需要建立集体决策的机制来规避个人错误决策的风险，同时也可以避免决策混乱所带来的严重后果，因为管理者个人的能力和视角总是有限的。

微案例

巨人高科技集团（简称巨人集团）创始人史玉柱有着传奇般的创业历史。通过广告策划，史玉柱用他的 4000 元迅速打开市场，并获得了第一桶金。不久，史玉柱在珠海成立了巨人集团。巨人集团一开始只在电脑业运作，其当时开发的汉卡比联想汉卡还畅销。随着巨人集团的迅速崛起，巨人集团涉足房地产、金融、保健品等行业。1993 年，在全国房地产热潮中，巨人集团斥资上马巨人大厦项目。起初，史玉柱打算盖一幢 18 层的自用办公楼。但是在房地产业中大展宏图的欲望使史玉柱一改初衷，设计一再改变，楼层节节拔高，由原来的 18 层增至 38 层。后来，一些人建议巨人集团为珠海建一幢标志性大厦。因此，巨人大厦又由原来的 38 层改为 54 层、64 层，最后巨人集团决定盖幢 70 层的大厦，预算也因此从 2 亿元增至 12 亿元。这个项目方案的一改再改完全由史玉柱一人决定，决策的合理性暂且不论，决策计划随个人意愿不断改变导致决策盲目本身就是一大隐患。

巨人大厦的开发是一个个人胡乱决策的典型之作，单凭巨人集团的实力，根本无法承接这项浩大的工程。然而令人瞠目结舌的是，巨人大厦从 1994 年 2 月动工到 1996 年 7 月，史玉柱竟未申请过一分钱银行贷款，全凭自有资金和卖"楼花"的钱支撑。后来，由于资金不足，巨人大厦未能如期完工，已买"楼花"的人要求退款并赔偿，巨人集团无力赔偿，这直接导致了巨人集团财务危机的爆发。

进入生物工程领域是史玉柱的第二败笔。对巨人集团来说，生物工程是一个完全陌生的领域。由于不了解该市场的消费者特性，尤其不熟悉这一领域的资金运作和营销策略，巨人集团越陷越深。尽管1994年至1996年，巨人集团在保健品方面异军突起，但其整个生物工程业务全面亏损，债权债务相抵净亏5000万元。生物工程业务萎缩的重要原因还包括巨人大厦的拖累。在决定进入房地产和生物工程领域之前，史玉柱曾设想了一个绝妙的财务运作机制：先把开发巨人大厦卖"楼花"的钱投入生物工程业务中，再用生物工程业务产生的利润反过来支撑巨人大厦。然而，该计划在实际运作中出现了偏差。由于巨人大厦预算的不断攀升，史玉柱不能为生物工程业务注资，反而不断从生物工程业务中抽资去支撑巨人大厦。结果巨人大厦一蹶不振，生物工程业务也被白白葬送。

史玉柱的决策混乱，终于导致巨人集团轰然倒地。其决策过程中的问题值得所有管理者反思。一方面，决策者未明确决策目的，并且没有区别重要决策和一般决策，以致决策的科学性和可行性缺少论证；另一方面，决策者的主观因素导致其随意更改决策方案，狂热的赚钱热情替代了冷静的思考，使决策盲目而混乱。

54. 萨盖定律：一名员工不能由两个领导来同时指挥，否则这名员工将无所适从

◎内　容▶ 戴一块手表的人知道准确的时间，戴两块手表的人便不敢确定几点了。

◎提出者▶ 英国心理学家 P. 萨盖。

企业不能同时采用两种不同的管理方法，不能同时设置两个不同的目

标，否则企业将无法运作；员工不能由两个人来同时指挥，领导者也不能朝令夕改，否则员工将无所适从。

在工作中，我们也经常会遇到这样的情况："啊，经理，昨天不是说这样可以吗？""不是，情况有所改变，如果继续那样做的话，就不符合本公司的经营理念。""等等，经理，就算这计划的结尾部分出了点问题，但整个策略是按您的吩咐做的呀！""虽然如此，因为情况有变，所以……"这就是明显的朝令夕改，只能让员工无所适从。

在很多公司，老板的思维极其活跃，他们一天一个政策，一天一个创意：今天变革比较时髦，他们就抓公司的变革；明天目标管理比较时髦，他们就抓目标管理。往往一个政策才执行到一半，员工就被要求执行下一个政策，这样的企业只能使员工无所适从。于是，有些企业的员工总结出这样的规律：老板第一次发布某个政策，可以先不管它；老板第二次强调这个政策，那么可以适当考虑去做；老板第三次强调这个政策，那么应该着手去办。

一名员工不能由两个领导来同时指挥，否则这名员工将无所适从；两个或两个以上的领导同时指挥一名员工不但提高不了组织的工作效率，反而会带来管理上的混乱，导致员工无所适从，从而降低了员工的工作效率。

微案例

小王给医院李院长打来电话，要求立即做出一项新的人事安排。从小王的急切声音中，李院长感觉到一定是发生了什么，于是他让小王马上过来见他。大约 5 分钟后，小王走进了李院长的办公室，递给他一封辞职信并说道："李院长，我再也干不下去了。"她开始申述："在产科当了 4 个月的护士长，我简直干不下去了。我怎么能干得了这份工作呢？我有好几个上司，每个人都有不同的要求，都要求优先处理自己的事，要知道，我只是个凡人，我已经尽最大的努力去适应这份工作了，但看来这是不可能的了。让我举个例子吧，请相信我，这是一件平平常常的事，像这样的事每天都在发生。昨天早上 7：45 我一来到办公室就发现桌上留了张纸条，是医院的主任护士给我的。她告诉我，她上午 10：00 需要一份床位利用情况报告，供她下午向董事会做汇报时用。我知道，这样一份报告至少要花一个半小时才能写出来。30 分钟以后，我的主管走进来问我为什么我手下的两位护士不在班上，我告诉她外科主任从我这里要走了她们两位，说是急诊外科手术正缺人手，需要借用一下。我告诉主管，我也反对过，但外科主任说只能这么办。但是，我的主管叫我立即让这两位护士回到产科部，她还说，一个小时以后，她回来检查我是否把这事办好了。李院长，这种事情每天发生好几次。一家医院就只能这样运作吗？"

55. 奥巴特定律：解决任何问题都需要与具体而可靠的事实打交道

◎内 容▶ 解决任何问题都需要与具体而可靠的事实打交道。

◎提出者▶ 加拿大管理学家 S. 奥巴特。

什么企业都不能脱离市场信息，一个领导只有时时想着一切以市场为导向，才能获利最大。为什么有很多亏本的企业，那是因为它们生产的是不受消费者欢迎的、没有市场价值的东西。好的企业懂得把从市场收集到的信息综合起来，然后开发、生产出更适合市场要求、可以获得更大利润的产品。

一个企业的管理者如果不能以市场为导向，而是坐在办公室里，这个企业是不会成功的。一个企业的管理者只有和消费者的想法一致，供给的产品满足消费者的需求，企业才能做好做大。

以市场为中心进行管理，不是一种简单的、现行的、因果式的管理，而是一种交互式的管理。企业需要通过市场调查和分析确定各种需求的内容和边界，优化生产要素，调整企业管理方式，建立起与市场沟通的强有力的联系渠道，建立快速、准确的市场信息系统，才能实现盈利的目标。

对于企业管理者而言，要想成功决策，就需要掌握对决策有用的大量的信息。从某种意义上说，决策者能否做出正确决策取决于他占有的信息量的多少。其实任何方案都是需要论证的。所谓的论证就是在不断收集信息的基础上，对方案质疑并进行完善的过程。

为了确保决策的正确性，在决策过程中还需要相关人员的参与。比如在市场决策中，让一线销售人员参与会提高决策的准确度。让相关人员参与决策，其实也是获得有利于决策的关键信息的一种重要方式。

☀ 微案例

1937 年，威拉德·马利奥特在开设了第一家麦根啤酒店的 10 年时间里，已经建立了由 9 家餐厅组成的公司。他手下的 200 名热情的员工都受过公司关于无微不至服务顾客的培训，马利奥特的生意显然运作顺利，他计划在随后的 3 年里把旗下的餐厅数目增加一倍。这家新兴公司的前途从来没有这么灿烂过。

但是，第 8 号餐厅出现的奇怪状况影响了马利奥特的开拓计划。第 8 号餐厅设在华盛顿胡佛机场附近，其顾客和马利奥特其他餐厅的顾客完全不同，都是路过餐厅去搭飞机的旅客。他们买了正餐和零食就塞进包包、纸袋或随身行李箱中。马利奥特有一次到第 8 号餐厅视察时问道："现在的情形如何？我是说进来买东西到飞机上吃的事。"餐厅经理解释说："每天都会增加一些人。"

马利奥特整晚都在想这件事。根据《马利奥特传记》作者罗伯特·欧布莱恩的说法，第二天他就去拜访了东方航空公司，创造出一种新的业务：由第 8 号餐厅用两侧有马利奥特标志和名称的橘黄色货车把预先包装好的餐盒直接送到跑道上。几个月内，这种服务就扩大到美国各航空公司，第 8 号餐厅每天负责供应 22 班客机的餐饮。马利奥特很快就派出一位全职的经理负责这个新兴的业务，并且负责在胡佛机场全力拓展业务，同时扩张到其他机场。马利奥特从这个意外机会中开发出来的空厨服务，最后扩张到 100 多个机场。

对马利奥特来说，第 8 号餐厅不寻常的顾客是传统基本顾客中奇异的现象，公司可以忽略他们，但是马利奥特却以迅速、勇猛的行动抓住了意外的好运气，逐渐转变了公司的战略。马利奥特用他的成功经验告诉我们，所有成功的企业，其所确立的经营哲学都是从外到内、依据市场情况决定的。

56. 卡贝定律：放弃有时比争取更有意义

◎内　容▶ 放弃有时比争取更有意义。

◎提出者▶ 美国电话电报公司前总裁卡贝。

无论个人还是企业，都要学会放弃。当然，我们需要的不是在无可奈何的情况下才放弃。壮士断腕，就是在紧要关头主动割爱，以期另谋出路。这是一种胆略与气魄，是一种理智与智慧。有目的、有计划地放弃老的、陈旧的、劣势的、不能获取效益的东西，是现代企业成功的必备条件。

现代社会似乎给我们描绘了一幅幅风和日丽、欣欣向荣的财富画卷，一个个神乎其神的成功故事则令我们冲动。于是，在众多的诱惑面前，太多的人忘却了理性的分析和选择，忘却了放弃，而任凭充满欲望的野马在陷阱密布的商界里纵横驰骋。殊不知，放弃是一种战略智慧。学会了放弃，也就学会了争取。

面对战略选择的诸多困境，选择放弃需要更大的勇气和过人的胆识，需要非凡的毅力和智慧。因此，企业家应勇于摆脱成功光环的羁绊，把企业的利益作为出发点和落脚点，把企业的可持续发展作为终极追求。面对"灯红酒绿"的规模、利润等诸多诱惑，企业家同样要多一些耐心和理智，少一些焦灼和浮躁。太多的经验教训告诉我们：成功的企业是因为选择了理性放弃才获得了持久的辉煌，而失败的企业则因不能理性地放弃才导致了最终的没落。

微案例

成立于 1881 年的日本钟表企业精工舍，是一家世界闻名的大企业。它生产的石英表、"精工·拉萨尔"金表远销世界各地，其手表的销售量长期位于世界前列。它能取得这样的成功，全取决于其第三任总经理服部正次的放弃战略。

1945 年，服部正次就任精工舍第三任总经理。当时的日本还处在战争后的满目疮痍中。精工舍步子疲惫，征程未洗，而这时，有钟表王国之称的瑞士，由于没有受到"二战"的影响，其手表一下子占据了钟表行业的主要市场。精工舍面临着巨大的生存危机！

服部正次没有被困难吓倒，他沉着冷静，制定了"不着急，不停步"的战略，着重从质量上下手，开始了赶超钟表王国的步伐。10 多年过去了，服部正次带领的精工舍取得了长足的发展，但仍然无法与瑞士表分庭抗礼。整个 20 世纪 60 年代，瑞士年产各类钟表 1 亿只左右，行销世界 150 多个国家和地区，世界市场的占有率也达到了 80%。有"表中之王"美誉的劳力士和浪琴、欧米茄、天俊等瑞士名贵手表，依然是各国达官贵人、富商巨贾等人财富地位的象征。精工舍无论在质量上怎样下功夫，都无法赶上瑞士表的质量。

怎么办？是继续寻求质量上的突破，还是另觅他径？服部正次思索着。他看到，要想在质量上超过有精湛制表传统工艺的瑞士，那简直是不可能的。服部正次认为精工舍该换个活法了，他要带领精工舍另走新路。

经过慎重的思考，服部正次决定放弃和瑞士表在机械表制造上的较劲，转而在新产品的开发上做文章。

经过几年的努力，服部正次带领他的科研人员成功地研制出了一种新产品——石英电子表。与机械表相比，石英电子表的最大优势就是走时准确。"表中之王"劳力士月误差在100秒左右，而石英电子表的月误差却不到15秒。1970年，石英电子表开始投放市场，立即引起了钟表界的轰动。到20世纪70年代后期，精工舍的手表销售量就跃居到了世界首位。

在电子表市场牢牢站稳了脚跟后，1980年，精工舍收购了瑞士以制作高级钟表著称的"珍妮·拉萨尔"公司，向机械表王国发起了进攻。不久，以钻石、黄金为主要材料的高级"精工·拉萨尔"表开始投放市场，马上得到了消费者的认可，成了人们心中高质量、高品质的象征。

57. 爱弥尔定理：一个人在拿主意之前，定要把一切看透，那他就总也拿不定主意

◎内　容▶ 一个人在拿主意之前，定要把一切看透，那他就总也拿不定主意。

◎提出者▶ 法国管理学家 H. L. 爱弥尔。

在社会日新月异的发展中，一个企业的管理者能否正确、快速地做出决策关乎企业的存亡。领导的决策不仅会影响员工的情绪，还会影响企业在员工心中的形象。危急时刻分秒必争，如果管理者能够做出正确的决策，必将鼓舞人心，让员工想热血沸腾地大干一场。一个管理者的才能主要体现在管理方面，而管理才能则主要体现在决策过程中。

现在市场的竞争环境瞬息万变，各种信息浩如烟海，决策一旦失误，将造成严重的后果。经济组织越庞大，决策失误所造成的损失就越大，这就需要管理者既迅速又正确地做出决策以应对变化。

一般来说，一个企业的决策可以分为重大决策和日常决策。重大决策讲究的是决策的准确性、科学性，应该避免领导个人拍脑袋做决策的做法，要善于发挥集体智慧；而日常决策由于时效性强，大多时间比较紧迫，所以讲究的是决策的速度，以避免贻误战机，决策的效率往往比准确率更重要。

长时间犹豫不决，不但对把握商机危害甚大，对员工的士气和团结也会造成很大伤害。而且，快速的决策过程不仅能为企业节省大量的时间，还能为企业有效地应对竞争环境的变化创造有利的条件。有时候，时间上的超前甚至比万无一失的正确决策更有价值。

☀ 微案例

旅游业大鳄曹江城就是一个做决策十分迅速的人。有人评价他"像老虎一样，发现猎物就又快又准地直扑上去"。他对于汤池这种大项目只用了5分钟来做决策。

汤池是个小镇，可是曹江城在这个小镇开发温泉，投产当年缴税1000万元，一个温泉项目把这个小镇变成了全省的旅游景点。

汤池温泉的火爆曾引发了不小的震动。这不仅是因为游客的疯狂追捧，还因为汤池当时3月28日动工，9月28日就想开业，谁也不敢相信1.5亿元的投资项目半年就能完工。

事实上，直到开业的前一天，汤池温泉还像个大工地：景区接待中心的大堂仍在收尾，直到晚上8点半，工人还在紧张地铺草坪。没多久，曹江城得到一个不好的消息，说好带几批团队来"捧场"的旅行社，一家也没来。

可到了9月28日，参加开业典礼的人惊奇地发现：接待中心装饰一新，头一天晚上还光秃秃的地面铺上了整齐的草坪，建筑垃圾被清扫得干干净净，一切都那么井然有序，就像早已部署好了一样。

业内人士都说：汤池温泉是被曹江城"抢"来的。如果当初他有半点犹豫，汤池温泉肯定会花落别家。曹江城常说：机会稍纵即逝，决策必须得快，定下来后，就得更快，必须尽一切可能跑在时间前面，检验决策是否找准了市场等。

58. 列文定理：那些犹豫着迟迟不能做出计划的人，通常是因为对自己的能力没有把握

◎内　容▶ 那些犹豫着迟迟不能做出计划的人，通常是因为对自己的能力没有把握。

◎提出者▶ 法国管理学家 P. 列文。

信心代表一个管理者、一个团队的精神状态、工作热情以及对自己能力的认知。有了信心，工作起来就有热情、有冲劲。成功的团队领导不仅是一个信心十足的人，而且还是一个善于激发团队成员自信心的人。

一般而言，工作过程中出现问题、困难的时候，就是考验团队是否有信心的时候。有信心的团队会认为这是挑战，会意气风发地解决问题。拿破仑说："世界上没有任何一样东西是法兰西士兵所不配享有的。"他以此激发自己士兵的自信心，所以他能够横扫欧洲，所向披靡。所以团队领导要经常对员工说："世界上没有任何困难是我们大家不能克服的。让我们一起努力吧！我为你们骄傲、为你们自豪！"

优秀的团队领导一定是自信的领导。团队领导的责任就是要让员工知道：只要每个人把自己的潜能发挥到极致，就会创造出无数意想不到的成绩，就会完成以往无法完成的任务，就会战胜过去无法战胜的人。这样就会使团队成员产生强烈的自信心。

对于一个成功的管理者来说，自信心是其工作的催化剂。下属只会相

信拥有自信心的管理者，而且任何人都不会真心跟随连自信心都没有的管理者。因此，管理者在面对下属时一定要充满自信心，不可畏首畏尾，显出一副心"虚"的模样；否则，在管理者丧失领导魄力的同时，其带领的团队也会相应地缺乏凝聚力和向心力。

自信具有良性循环作用。自信的管理者只要看准了某事，就会勇敢地朝前迈进。当他看准了某人，也会信任、重用该人。这是一种具有感染力的态度，最后可以渗透到整个组织中，这就是影响力。

☀ 微案例

继在 2002 年世界杯上带领韩国队奇迹般地杀入世界杯四强后，"神奇教练"希丁克在 2006 年世界杯上又带领澳大利亚队创造了历史奇迹，第一次杀入世界杯十六强。

在希丁克手上，一个平庸的团队往往能创造出非凡的战绩。希丁克上任后，给教练组制定的第一个原则就是"千万不要责备球员"，意思是说，即使球员做错了，也要让球员自己说出来，这样他们才不会再犯同样的错。

为了给球员灌输自信心，鼓舞球队的士气，只要看到某个球员做得比较好，进步了，希丁克马上就会说："你刚才太棒了！"然后，他又会不断地用事实告诉球员："你们完全有和世界强队竞争的实力！"

在训练当中，希丁克经常对球员说："恐惧不能使你们成功，要理直气壮地与欧洲人对抗。没有自信心和毅力根本无法取胜。只要稍微放松求胜心理，领先马上就会变成平局，甚至被淘汰出局！想胜利就要具有挑战性和粗鲁性。要胜利就要拼命！"

过去，韩国足球队球员一碰上欧洲或南美球队就无所适从，希丁克执教后要求球员：即使有人被罚出场，也要有打倒对手的英雄气概。

这种训练的结果是，世界杯上韩国球员毫不留情地步步紧逼并压迫对手。在对阵欧美强队时，明星球员更是大胆地，甚至视死如归地与对手激烈碰撞……

随时称赞球员是希丁克激励球员的风格。我们应该向希丁克学习，要时刻鼓励团队成员去说："我能！我不错！我非常棒！"在这方面，希丁克惯用"三明治语句"来激励球员——

第一句："你的特长是……"

第二句："你还可以在……方面改进。"

第三句："我相信你有能力做到！"

59. 格瑞斯特定理：杰出的策略必须加上杰出的执行才能奏效

◉内　容▶ 杰出的策略必须加上杰出的执行才能奏效。

◉提出者▶ 美国企业家 H. 格瑞斯特。

管理者在执行中扮演着非常重要的角色，管理者是整个企业的指挥官，肩负着控制执行的重任。管理者应该避免成为一名微观的管理者，陷入企业日常管理的细节当中，而是要站在一个较高的位置上去控制全局，把握整个企业的执行状况。管理者首先要把自己变成一个执行者，才能提高整个企业的执行力，带领企业在竞争中获胜。

一个优秀的管理者至少应该是一个高效的执行者。要做一个高效的执行者，需要完成三方面的任务：一是要对组织成员进行准确评估，确保用人的正确性；二是要建设人才梯队，保持人才链条的连续性；三是要提升表现优秀的人，处理表现不佳的人，使组织用人具有动态性。

管理者的执行力是执行能否获得成功的关键，毕竟任何执行都需要通过管理者进行规划、布置和监督。优秀的管理者一定会注重提高自己的执行力，并通过强大的执行力为企业做出表率。

微案例

　　利盟国际有限公司（简称利盟）的成功就归功于管理者的杰出执行力。利盟是享誉全球的激光、喷墨和点阵式打印机及相关产品的研发商、制造商与供应商，致力于为客户提供高质量的打印产品及服务。该公司在1998年的销售额高达30亿美元。利盟在美国列克星敦设有行政大楼及公司最具规模的生产中心，此外在苏格兰罗塞斯、法国奥尔良、墨西哥华雷斯及澳大利亚悉尼都设有生产中心。利盟于1991年从IBM打印事业部脱离出来，并在1992年正式成为一家上市公司。

　　由于利盟是从IBM分离出来的，它身上体现出了强烈的"蓝色巨人"（IBM的外号）的气质，公司的CEO柯蓝德也有着浓浓的"蓝色背景"。他曾在IBM不同的产品开发和管理职位上做了17年，并成为IBM桌面激光业务领域的负责人。1991年，柯蓝德正式出任利盟CEO。在IBM长达17年的浸润给柯蓝德执掌利盟带来了难以言说的影响。他认为："单纯地发明对于创造价值来说是远远不够的，关键是如何迅速将这些发明应用于各种新的产品和服务之中。"IBM前主席兼首席执行官郭士纳的经典之语，如今已经成为利盟的战略法宝。从1991年推出打印解决方案，即站在企业运营的角度提高打印效率，到2004年在数十个不同行业提出"随需应变"的商用打印方案，利盟的成长轨迹都体现了这种"执行"精神。

　　利盟在打印领域有完善的产品线，可以保障为用户提供各种解决方案。这样可以降低硬件在解决方案中所占的成本比例，并使客户的服务需求增加，提高服务的利润贡献率。柯蓝德认为产品线是公司生存发展的前提，只有拥有了完善的产品线，才有机会投入更多资本对客户运营流程进行研究，并获得更大的利润空间。然而产品线不是问题的全部。只有不断提高产品的技术含量，才能满足用户的各种需求，并使用户的使用成本不断降低。与此同时，这种需求又为利盟的技术创新指明了方向。当技术与市场形成良性循环时，利润自然就会不断增长。因此，利盟的执行战略是围绕客户整合资源，而不是按照产品或者地域分布来划分资源。这样一来，利盟就能在打印领域内联合不同部门对付共同的"敌人"，或者在一个有竞争力的行业中去共同争夺市场。

同时，利盟也注重通过识别客户需求和细分打印业务流程，对现有产品进行变革和再设计，在产品、客户和技术研发等各因素之间实现决策的平衡。这使得利盟可以在发现客户价值，继而分析技术和财务因素后，直接进入决策的执行阶段。

柯蓝德花了很多时间去解决官僚机构问题，他认为，官僚机构的存在不是什么坏事，每个机构都有存在的道理，关键问题是如何让这些机构以协同的节奏运转。为此，他在利盟内部强调统一的跨部门管理。局部业务管理由各部门独立完成，跨部门管理机构成为调度公司运行秩序的中心，为此利盟成立了全球统一技术数据中心、全球统一市场推广部以及知识产权保护部门。这些跨部门管理机构对内部沟通和协调起到了重要的推动作用，并保障了公司的执行能力。

接下来，柯蓝德面临的任务是如何在利盟内部实现经营业务与管理职能的结合，如何推进跨部门的合作，并使用户服务的策略得到有力执行。他认为，组织的执行力与结构、权力、信息、激励的有效运作密切相关，持久、良性的执行力正是通过这几个深层次因素的协调去实现的。在组织架构以及人事激励等方面，他提倡使员工的能力得到最大限度的发挥；在信息沟通方面，则致力于基于整体价值链的沟通，他认为这样可以使公司的运营精益求精。同时，他还注重竞争对手或同类厂商的市场动作。当利盟的竞争对手推出集中式的商用打印解决方案时，利盟立即开始研究分布式办公环境中以低成本实现打印的解决方案。利盟专门成立了技术和服务部门对全球策略进行统一部署，5个月内就使这个计划产生了良好的执行效果。

柯蓝德强调对技术和商业策略的共同推动。利盟是打印技术解决方案的专业提供商，在打印技术方面处于绝对的领先地位。利盟的成功就在于柯蓝德强悍的执行风格和每个员工的高效执行力。

60. 希尔定理：任意指派任务，根本就是侮辱部属的行为

◎内　容▶　任意指派任务，根本就是侮辱部属的行为。

◎提出者▶　英国原子能管理局前局长 J. 希尔。

在希尔定理的实际操作中，有的主管虽然自己已经有了完善的解决方案，但放在心里不说，而问计于下属，当认真聆听下属陈述完解决问题的方案后，会根据下属的方案进行相应的调整。如此一来，主管就在表扬下属的过程中"轻松"完成了自己的决策；而下属在得到主管的欣赏和肯定后，则会全力以赴、创造性地执行决策方案。因为下属的心中充满着成就感、自豪感：自己不仅是直接的操作者，而且也是方案的设计者。一个人在做自己愿意做的事情时，思维肯定是积极的，思维的方向会全部指向成功，集中于成功。下属在此种状态下执行任务，其结果肯定是出色的。

企业管理的一个较高的境界就是弱化权力和制度，在共同的价值观和企业的统一目标下，以文化和理念为手段，让员工各负其责，实现员工的自我管理、自主操作。

要实现这个目标就要求管理者必须注意发挥员工的自主性，实现员工的自我管理、自我规范，从而激发员工的工作积极性，使员工自觉地完成本职工作，并主动追求最佳方案和最高效率，为企业创造最佳业绩。

❀ 微案例

联邦快递就是其中的一个典型。在联邦快递里，员工可以按照自己的

方式行事，不论是主管、快递人员还是客户服务人员，都拥有非常大的工作弹性。联邦快递十分注重发掘员工的自主性，其管理者努力为员工创造一个有极大自主性的工作氛围，这大大增强了企业的竞争力。

旧金山黑森街收发站的高级经理瑞妮在联邦快递一待就是15年，最主要的原因便是，在这里工作可以享有充分的自主权。她从做快递员时起，就可以自主地安排自己的工作。即使成为高级经理——负责年收入超过500万美元的部门、每天处理3500多个包裹的业务、管理近300名员工，她仍然觉得相当独立、自由，只要上司认同她的目标，她就完全可以自行决定如何做事。瑞妮说："我的上司不会对我说'你的工作有问题'或'你的递送路线没有安排好'，我自己有一套独立的训练计划，品管小组和路线安排全由我自己做主。我非常喜欢现在的一切。"

一线员工也有同样的观点。一名快递员说："我喜欢和人们交谈，喜欢这种与人接触的自由，我认为，在这方面我是专家。"另一位说："如果我做好分内的工作，头儿们就会放手不管。我喜欢这样的自由。"即使是货车司机都可以自行决定收件与送件的路线，并和顾客商量特殊的收件方式。在联邦快递，所有的人都有同样的感觉——"工作一点儿也不无聊，而且时间过得很快。"

正是这种工作上的自主性使联邦快递飞速发展着，联邦快递的每一名员工都在享受着工作的乐趣。从表面上看，协助顾客寻找包裹的追踪员似乎受到较大的限制，但是他们却认为自己工作中最好的部分就是享有很大的自由，一名追踪员说："我们时常在电话中接触十分焦虑的顾客，但没有工作手册告诉我们应该怎么交谈，因为公司非常信赖我们。"另一名追踪员也说："虽然公司有七名主管，他们却从不紧盯着我们。主管让我们知道他们的期望，如果我们所做的不符合他们的期望，他们就会明说。不过，主管决不会实行铁腕手段进行管理。"

在位于孟菲斯的联邦快递总部内，行政人员也同样享受着工作自主性带来的乐趣。一名在收款部门服务的员工表示："我只是把工作规则当作参考，保留使用与否的自由，甚至将其调整为最适合我的指南。"

当然，联邦快递也有一些标准来规定员工的工作，如要求同一路线每千米每小时应该收取或递送的包裹数。联邦快递十分注重时间和效率，可是从不用秒表计算快递人员递送快件的时间。

在联邦快递，任何人都可以自由选择管理工作，也可以随时更换职务，条件是只要他能证明自己能够胜任。联邦快递从不认为把员工死死地摁在某个岗位上就好；相反，联邦快递认为自由和自主才是效率、激情、负责精神等企业灵魂的源泉。企业应该让员工获得工作的自主权，否则将不能发展，甚至会倒闭。

61. 责任推卸定律：分工的过程，就是分配责任的过程

◉ 内　容 ▶ 人们一旦预测到在不久的将来自己会与某件事毫无瓜葛，
就会从这一分钟开始推掉与此事有关的一切责任。

◉ 提出者 ▶ 日本心理学家多湖惠。

一个好的工作计划需要好的组织分工，即对执行工作计划的分工。在执行计划中，主要内容是分配责任。

分工的过程就是分配责任的过程，即以责任为导向，将执行目标分解，使其直接与岗位责任相联系。在日常管理中，很容易出现员工的执行能力与岗位责任要求不匹配的现象。如果确定岗位责任后，任职人员的执行能力与岗位责任的要求间依然存在差距，员工势必很难独立完成任务，而需要依赖别人。

因此，在分配责任的过程中，要注意执行者在组织架构中的位置问题：对上级、对其他执行者、对自己承担什么责任。在执行计划中，通过彼此的合作清晰界定和确认关联各方的关系，使得执行各方的责任都建立在对方可以密切配合和全力支持的基础上，从而减少执行中的人际关系损耗。

微案例

2008 年 9 月 15 日，德国国家发展银行——一个集中了众多优秀人才的著名组织，在短暂而又异常宝贵的 10 分钟里，发生了戏剧性的一幕。上午 10 时，拥有 158 年历史的美国第四大投资银行雷曼兄弟公司向法院申请破产保护，消息转瞬间通过电视、广播和网络传遍地球的各个角落。令人惊诧的是，在如此明朗的形势下，德国国家发展银行在 10 分钟之后，居然按照外汇掉期协议，通过计算机自动付款系统，向雷曼兄弟公司即将被冻结的银行账户转入了 3.19 亿欧元。毫无疑问，这 3.19 亿欧元将是肉包子打狗——有去无回。

转账风波曝光后，德国社会各界大为震惊，舆论普遍认为，这笔损失本不应该发生，因为此前一天，有关雷曼兄弟公司破产的消息已经满天飞，德国国家发展银行应该知道交易的巨大风险。德国国家发展银行随后被德国媒体指责为"德国最愚蠢的银行"。

从 10 时到 10 时 10 分的短短 10 分钟时间里，银行内部到底发生了什么事情，从而导致如此愚蠢的低级错误？几天后，一家受财政部委托的法律事务所向德国国会和财政部递交的报告显示了该银行的工作人员在"黄金 10 分钟"内忙了些什么。

首席执行官乌尔里奇·施罗德说："我知道今天要按照协议的约定转账，至于是否撤销这笔巨额交易，应该由董事会开会讨论决定。"

董事长保卢斯说："我还没有得到风险评估报告，无法及时做出正确的决策。"

董事会秘书史里芬说："我打电话给国际业务部催要风险评估报告，可那里总是占线，我想还是隔一会儿再打吧。"

国际业务部经理克鲁克说："星期五晚上我准备带全家人去听音乐会，我得提前打电话预订门票。"

国际业务部副经理伊梅尔曼说："我在忙其他事情，没有时间去关心雷曼兄弟公司的消息。"

负责处理与雷曼兄弟公司业务的高级经理希特霍芬说："我让文员上网浏览新闻，一旦有雷曼兄弟公司的消息就立即向我报告，而我去休息室喝咖啡去了。"

文员施特鲁克说："10 时 3 分，我在网上看到了雷曼兄弟公司向法院申请破产保护的新闻后，马上就跑到希特霍芬的办公室，可是他不在，我就写了张便条放在他的办公桌上，他回来后会看到的。"

结算部经理德尔布吕克说："当天是协议规定的交易日子，我没有接到停止交易的指令，所以就按照原计划转账了。"

结算部自动付款系统操作员曼斯坦因说："德尔布吕克让我执行转账操作，我什么也没问就做了。"

信贷部经理莫德尔说："我在走廊里碰到了施特鲁克，他告诉我雷曼兄弟公司的破产消息，但是我相信希特霍芬和其他职员的专业素养，他们一定不会犯低级错误，因此我没必要提醒他们。"

公关部经理贝克说："雷曼兄弟公司破产是板上钉钉的事，我想跟乌尔里奇·施罗德谈谈这件事，但上午我要会见几个克罗地亚客人，等到下午再找他也不迟，反正不差这几个小时。"

10 时 10 分，德国国家发展银行发生了这件天下奇闻。而在此前的 10 分钟里，上到董事长，下到操作员，没有一个人是愚蠢的，可悲的是，几乎在同一时间里，每个人都有自己不承担责任的理由。

62. 哈里森法则：没有执行力，一切都是空谈

◉内　容▶ *行动者常常不如评论者高明，但评论者往往没有行动。*

◉提出者▶ *比利时企业家 H. 哈里森。*

执行力不仅体现出企业组织及其成员达成目标的意愿，还能反映出企

业组织及其成员达成目标的能力，以及对目标的达成程度。执行力是企业组织最重要的能力之一。执行力的高低决定了企业组织在达成目标、实现经济利益方面或者在与对手的竞争中的成败。

执行是企业管理的一个重要环节，没有执行，任何好的战略都得不到实施，任何目标都不能实现，企业的发展也不过是一句空谈。管理者一定要致力于提高企业的执行力，建立健全执行力系统化的思想，掌握执行力多层次的渗透与平衡，使各级执行者都能明确各自执行时的重点和难点。只有让执行更到位，才能实现企业的发展与壮大。

执行力的高低决定着企业的生死，没有执行力，一切都是空谈。管理者要想提升企业组织的执行力，应该铭记孔子"敏于事而慎于言"的告诫，停止空谈，立即行动。

☀ 微案例

佳能是全球领先的生产影像系统产品的综合集团，经过几十年的奋斗，成功地将自己的业务扩展到行业的各个领域并全球化。目前，佳能的产品系列共分布于三大领域：影像系统产品、办公产品和产业设备。主要产品包括数码照相机、交换镜头、打印机、复印机、传真机、扫描仪、广播设备、医疗器材及半导体生产设备等。佳能在美洲、欧洲、亚洲及大洋洲设有四大区域性销售总部，在世界各地有子公司 261 家，雇员约 19 万人。

佳能的成功很大原因就在于其强大的执行力。正是高效的执行力使佳能不断创新。众所周知，日本企业对世界信息技术市场进行了高度重视和强力角逐，这使日本企业占据了家用电器、办公设备和生产设备领域的统治地位。佳能公司得以成为当时世界上收入最高的计算机和办公室设备公司，足以说明其在信息技术方面的领先地位。据悉，佳能总是将总部年销售额的 10% 作为开发独创技术的费用。在佳能过去几十年的发展中，科技创新扮演着重要的角色，从照相机到办公设备再到数字设备，佳能总是不断创新。

1937 年，佳能公司凭借光学技术起家；19 世纪 70 年代初研制出日本第一台普通纸复印机；19 世纪 80 年代初，首次成功开发气泡喷墨打印技术，并将其产品推向全世界。美国专利商标局公布的 2002 年在美专利注册数量排名中佳能名列第二，至此，佳能连续 10 年进入该排行榜前三名。佳能公司的社长将佳能的历史分成两个 30 年，最初的 30 年是佳能技术突破与加强全球化发展的阶段，在这一阶段佳能得到了产品质量和技术革新的美好赞誉；佳能发展的第二个 30 年始于 1967 年，带着"右手抓照相机，左手抓办公设备"这句宣言，佳能引入了第二个基本战略——多样化，在随后的 30 年里，佳能在办公设备、磁记录、电子仪器和原料等领域进行了新技术的开发，佳能公司也建立了遍布全球的强大业务网络。20 世纪 70 年代，佳能扩展了其在全球的销售网，20 世纪 80 年代完成了公司生产区域的全球化，20 世纪 90 年代则在欧洲、美洲和大洋洲建立了研究与开发机构。

1988 年，佳能老会长贺来龙三郎先生面对全球化的挑战提出了"共生"理念，就是为了大众的利益共同工作和生活，促进人与人间、人与社会间、人与自然间的相互理解、和谐相处，使地球上的每一个个体都能享受到地球的馈赠。出于这种"共生"的理念，佳能公司在保护生态方面成为世界制造业的先驱，并逐步增加了复印机再制造和墨盒可回收项目。而其在全球的 20 多家工厂的环境管理系统也早已赢得国际认可，获得了 ISO 14001 国际环保认证。此外，佳能还推出了太阳能板并进行了首次生物法改良土质的试验，致力于世界各地分公司的本土化。佳能未来的全球目标，是在《幸福》杂志所排列的全球最大工业公司中名列前 10 位。其社长认为：这意味着佳能将与世界上那些最大、最优秀的公司竞争。如果我们牢牢把握住这个目标，并向着多样化与全球化这一战略目标不断迈进，相信我们的目标将在 30 年内由理想变为现实。

在佳能公司的目标中有这样一段话："我们将以领先的技术创造出最优秀的产品，我们有这种责任和义务。为了达到这个目标，我们将在 R&D（研究和开发）、产品计划和市场营销领域以一种进取的态度团结努力。"这种思想渗透到了公司的各个部门，R&D 贯穿于佳能的总体战略思想中，并成为佳能行为和管理模式的中心。

佳能的 R&D 实行的是产品部管理体制，这一体制不仅在新产品开发中使用，而且用于解决整个佳能公司管理领域上的各种问题。这一体制使项目梯队的经营活动和管理活动紧密结合，以实现企业的经营效率和创新的有效性并举，职能部门和各分部密切合作，对提高佳能的创新能力起着重要的作用。同时，每个产品分部的中期管理计划，都由公司产品部的开发中心制订，然后这个为期 3 年的产品开发计划会被提交到每年秋季举办的产品战略国际研讨会上。正是依靠创新的理念，佳能公司把执行力落实到了公司的每一个角落，让计划得到更好的贯彻与执行。

63. 吉德林法则：认识到问题就等于解决了问题的一半

◎内 容▶ 把难题清清楚楚地写出来，便已经解决了一半。

◎提出者▶ 美国通用汽车公司前管理顾问查尔斯·吉德林。

"认识到问题就等于解决了问题的一半。"要想解决问题，必须清楚问题的关键在哪里。看到了问题的症结之所在，也就找到了解决问题的方法。

吉德林法则是由美国通用汽车公司前管理顾问查尔斯·吉德林提出的。他认为，企业在发展过程中不可避免地会遇到一些难题。在瞬息万变的环境下，企业怎样才能有效地解决难题呢？他指出：把难题清清楚楚地写出来，便已经解决了一半；只有先认清问题，才能很好地解决问题。该法则启示管理者遇到难题时要首先找到问题的症结所在，找到问题的关键才可对症下药，从而有效解决问题。

谁都会遇到难题，人如此，企业也是如此。在瞬息万变的环境下，怎样有效地解决难题，并没有固定的规律和模式。但是，成功并不是没有路径可循的。遇到难题，不管你要怎样解决它，前提都是看清难题的关键在哪里。找到了问题的关键，也就找到了解决问题的方法，剩下的就是如何具体实行了。

微案例

20世纪80年代初期，美国大陆航空公司从得克萨斯州到纽约市的机票价格一度降到了49美元。此后的10年，公司的业绩连连下滑，年年亏损。到1995年时，公司有18%的飞行航线都是负债经营的。大陆航空公司想了很多挽回的办法，但都失败了。为扭转这种不利局面，公司新任总裁戈登果断地停飞了这些负债飞行的航线。为找到解决的办法，他仔细分析，寻找问题的症结在哪里。

戈登想到，出售最低价格的机票这一下策并不能使大陆航空公司的现状有所改善，更无法使大陆航空公司成为出类拔萃的航空公司。事实上，这样做的结果只能适得其反，人们根本不想买大陆航空公司提供的产品。因为大陆航空公司虽然想以增加座位的方式和每天无数次地往返于城市间的方法，来保持机票的低价格，但事实证明，这些城市其实并没有这么多的需要。如此，大陆航空公司就只能亏损。

了解到这些，戈登迅速把飞行航线改为人们想去的地方。过去大陆航空公司通常每天有数次航班往返于格林斯伯勒与北卡罗来纳州之间及格林维尔和南卡罗来纳州之间。这些城市并不需要往返数次航班，然而大陆航空公司的班机依然频繁地飞向那里。戈登于是立刻砍掉了几个航班，为公司节省了大笔不必要的开支。

戈登还看到，在格林斯伯勒与格林维尔之间的航线中，大陆航空公司虽然占有90%的市场份额，却仍然亏损。经过调查，戈登发现大陆航空公司从罗利飞往堪萨斯城或奥兰多或辛辛那提的航线极不合理，乘客想要去别的重要城市很不方便。但是，要是开拓了飞往纽瓦克的航线市场的话，大陆航空公司所占的市场份额就足以支持公司开通飞往克利夫兰和休斯敦的航线，而这些航线对乘客来说很方便，当然就会受欢迎。想清楚了这些，戈登立即行动，减少了一些并不合理的航线，开拓了一些有连锁效应的新航线。事实证明，这样大陆航空公司的班次虽然减少了，但赚的钱大大增加了，而且即使将价格适当调高，也并不影响公司的盈利。通过戈登提出问题、分析问题、解决问题的一系列做法，大陆航空公司很快扭亏为盈，成为一家颇具竞争力的航空公司。

64. 霍里斯定理：做事情绝没有两种方式，只有最好的方法

◉内　容▶ 生活中有些问题没得到解决，不是因为问题太过复杂，而是因为许多时候我们会受到思维惯性的束缚，只要我们换个角度想问题，问题就会很容易得到解决。

◉提出者▶ 英国温布尔登网球赛著名裁判员 F. 霍里斯。

有勇有谋的员工，才是企业最需要的员工。有勇有谋，有胆有识，包含了一个人的眼光、知识、经验、技巧、智慧等因素。有谋无胆，是懦弱，是会说不会做，是"秀才造反，三年不成"；有胆无谋，则只会遇到问题后才寻找解决方法，而且不懂变通。只有有勇有谋的人，才能在工作中不僵化，懂得创新和变通。

谋略和智慧总能使人找到实现目标的方法，而勇气和信心则使人敢于实现目标。二者相辅相成，人生才能成功。只有真正的勇者才能做到"不怨天，不尤人"，既不抱怨老天爷不给机会，也不抱怨世界上没有人了解

自己；只有真正的智者才能做到凡事都有解决之道，既不埋怨问题很难，也不轻易说自己不行。

微案例

美国有一家生产牙膏的公司，该公司生产的产品优良，包装精美，深受广大消费者的喜爱，公司的营业额蒸蒸日上。记录显示，公司前10年每年的营业额增长率为10%～20%，令董事会雀跃万分。不过，进入第11年、第12年及第13年时，业绩停滞下来，每个月只能维持同样的数字。

董事会对这3年的业绩感到不满，便召开全国经理级高层会议，以商讨对策。会议中，有名年轻的经理站起来说道："我手中有张纸，纸上有个建议，您若要使用我的建议，必须另付我5万美元！"

总裁听了很生气，说："我每个月都支付给你薪水，另有分红、奖金，现在叫你来开会讨论，你却要求另付5万美元。是否太过分了？"

"总裁先生，请别误会。若我的建议行不通，您可以将它丢弃，1分钱也不必付。"年轻的经理解释说。

"好！"总裁接过那张纸后，阅毕，马上签了一张5万美元的支票给那位年轻的经理。

那张纸上只写了一句话：将现有的牙膏包装的开口扩大1毫米。

总裁马上下令更换包装。

试想，牙膏包装的开口扩大了，每天每个消费者就会多用一些牙膏，那么每天牙膏的消费量将多出很多。这个决定使该公司第14年的营业额增加了12%。

第六章　管理制度有趣才有人愿意遵守

65. 纳尔逊原则：永远别嫌小

◉ 内　容 ▶　永远别嫌小。

◉ 提出者 ▶　美国卡尔森公司前首席执行官 M. 纳尔逊。

　　能看见细微的，才是"明"。德国哲学家黑格尔有句名言："熟知非真知。"管理者要从细节出发，见常人之未见，想常人之未想，才能行常人之未行之事。

　　细节决定成败。那么，什么决定细节呢？是思维。管理者在企业经营管理活动中，应该认真地反思：自己有没有关注到每一个细节，有没有解决每一个细节问题。要知道，所有成为百年老店的企业，不但在持续地创造奇迹，更重要的是不断地坚持从细节出发，从持续的基础管理做起，不断地优化流程，不断地改善管理方法，不断地以最简单的方式将企业文化贯彻到企业的每一个层面上。

　　要管理者有细节思维，并不是要管理者事必躬亲，而是要管理者具备精细化管理的理念，具备持续管理的素质，通过强调细节，使企业文化能够持久地影响和提升企业的竞争力。

☀ 微案例

从米店小老板到亿万富翁，这是多大的跨越？这就是亿万富翁王永庆一生的跨越。王永庆和李嘉诚一样，是典型的东方商人，他们的经商智慧就是善用细节思维。王永庆的细节思维值得成长中的中国管理者借鉴和学习。

王永庆早年因家贫读不起书，只好去做买卖。1932 年，16 岁的王永庆到嘉义开了一家米店。当时，嘉义已有米店近 30 家，竞争异常激烈。而仅有 200 元资金的王永庆，只能在一条偏僻的巷子里租一个小铺面。他的米店开办最晚、规模最小，没有任何优势，刚开张时，生意冷淡。

当时，王永庆的米店规模小、资金少，没法做大宗买卖，也没办法搞零售。那些地段好的老字号米店在经营批发业务的同时，也兼做零售，没有人愿意到地点偏僻的米店买货。即使王永庆背着米挨家挨户去推销，效果也不太好。

王永庆觉得要想让米店在市场上立足，就必须转变思路，必须有一些别人没做到或做不到的优势才行。很快，王永庆从提高米的质量和服务上找到了切入点。当时台湾的农业技术落后，收割稻谷后将其铺放在马路上晒干，然后脱粒，这就使一些杂物掺杂在米里。用户在做米饭前，都要淘米，很不便，但买卖双方对此都习以为常。

王永庆从这一司空见惯的现象中发现了商机。他带领两个弟弟一齐动手，一点一点地将夹杂在米里的秕糠、沙石之类的杂物拣出来，然后再出售。这样，王永庆米店卖的米的质量比别家米的质量高一个档次，因而深受顾客好评。有了信誉，米店的生意也日渐红火起来。同时，王永庆也进一步改善服务。当时，用户都是自己买米，自己搬，这对于一些上了年纪的老人来说，是件很麻烦的事。王永庆注意到这一点，于是超出常规，主动送货上门。这一方便顾客的服务，很快为他赢得了市场。

每次给新顾客送米，王永庆都认真记下这户人家米缸的容量，并且问明这家有多少人吃饭，有多少大人、多少小孩，每人的饭量如何，据此估计该户人家下次买米的大概时间，并记在本子上。到时候，不等顾客上门，他就主动将相应数量的米送到客户家里。

在送米的过程中，王永庆还了解到，当地居民大多数以打工为生，生活并不富裕，许多家庭还未到发薪日，就已囊中羞涩。由于王永庆主动送货上门，要即时收款，有时碰上顾客手头紧，一时拿不出钱，会弄得大家很尴尬。为解决这一问题，王永庆采取按时送米，不即时收钱，而是约定到发薪之日再上门收钱的办法，这极大地方便了顾客。

王永庆正是通过运用细节思维，把握好企业经营管理中的每一个细节，使企业逐渐发展壮大的，最终建立了台塑集团这一企业帝国，王永庆也由此成为一代商业领袖。现在的台塑集团横跨多个行业，尤其是在石油化工领域，建立起了从原油进口、运输、冶炼、裂解、加工制造到成品油零售等一体化的完整产业链，台塑集团在中国台湾石油化工业界乃至整个企业界具有举足轻重的地位。

66. 莫斯定律：每条规则，总会被例外的情况打破

◎内　容▶ 　每条规则，总会被例外的情况打破。

◎提出者▶ 　美国管理学家 A. 莫斯。

管理制度应因企而异，也就是说，管理者要根据企业的实际情况，制定出最合适的一套制度来。

适合企业员工素质的管理制度是最好的制度。制度不是永久不变的，需要随着客观环境的变化而变化。尤其是一些家族企业，其管理者应该突破观念的桎梏，建立起现代企业制度。

建立完善的制度是企业进行现代化管理所必须做的选择。如何保证制

度的实际效果是管理者必须认真考虑的问题。衡量制度的实际效果的重要指标是制度是否与市场接轨，是否能够促进企业提高效益。企业的本质任务是赢利，能够促进效益产生的制度就是好制度；否则，制度就是摆设，毫无价值可言。所以，制度是否合理，不是靠管理者的感觉来评判的，而是依据企业的效益来评判的。

☀ **微案例**

1991年春天，龙大食品集团有限公司（简称龙大集团）董事长宫学斌突然收到一封来自日本的邮件，里面有一个精致的塑料袋和一封短信。塑料袋里装的是几根头发，信中写明了这几根头发是从龙大集团的产品中拣出来的，为此日本商人要向龙大集团索赔40万元。宫学斌读完这封短信，脑海里仿佛响了一声惊雷，因为几根头发，就向我们索赔40万元！拍案而起的宫学斌因企业员工的不争气感到脸红，但他又很快地冷静下来。他想：我的这些员工都是刚刚丢下锄头的农民，他们对蔬菜加工的"理化指标""菌落总数指标"的概念十分陌生，要他们洗净两腿的泥容易，但要他们摆脱小农意识和生活散漫的作风以及掌握蔬菜加工的知识就不那么容易了。要想使龙大集团的产品合格，就必须加强养成教育，培养合格的工人。宫学斌下定决心：决不能让几根头发堵住龙大集团通往国际市场的通道！

宫学斌对"头发事件"的相关人进行了严肃处理，开除了10名工人、2个车间主任。这在龙大集团不亚于发生了7级地震。从此，"严格"的理念贯彻在生产管理的整个新措施中：

员工进入厂房前要先洗澡；工作时，要穿戴内帽、护发帽、披肩、口罩、水靴、乳胶手套；进入车间前，必须经过除尘、吹风、消毒等20多道程序，层层把关，不容一丝敷衍和马虎。

经过这样的整顿，龙大车间如银装素裹，白衣、白帽——白得晃眼，白得让人心醉，使人仿佛进入了冬天的童话世界。为了提高员工的整体素质，集团把一批批优秀员工送到国内外的先进企业学习，邀请德国、日本、加拿大等国的 30 多名专家、学者对员工进行业务培训，把在全国开设的 35 个办事处的业务主管调回集团总部培训。特约日本商社常驻龙大集团的代表对企业进行检查、监督。日本商社的检查人员把企业各个角落的纸屑、草棍、烟头捡起来装进随身带的塑料袋里。这使龙大集团的员工受到很大的震动，他们明白了什么叫"精益求精"，什么叫"同国际标准接轨"。

严格的管理确保了产品质量，使龙大集团赢得了良好的市场信誉，产品合格率达到 100%，龙大集团是全国首批"出口食品农产品免验"企业。公司先后通过 ISO 9001、HACCP（危害分析和关键控制点）认证，日本、欧盟的蔬菜有机认证，美国 FDA（食品药品监督管理局）认证和 AIB（美国烘烤技术研究所）冷冻蔬菜认证等；七个偶蹄类熟肉制品加工厂、五个禽肉熟制品加工厂获得日本农林水产省认证。

67. 布克定理：一切制度都是生长出来的，不是制造出来的

◎内 容▶ 一切制度都是生长出来的，不是制造出来的。

◎提出者▶ 英国政治学家 L. 布克。

在风云变幻的市场竞争环境里，企业要想赢得优势，就必须学会随时代的发展变化而迅速调整方针制度，否则就只能故步自封，白白浪费掉大好机会。

按理说，没有规章制度的企业是不存在的，但是为什么按照规章制度管理却有的成功有的失败呢？原因在于：失败企业的制度不切实际，形同虚设，且无严格、规范的考核和评判机制，因此毫无实效可言。

如果企业缺乏明确的规章、制度和流程，工作中就很容易产生混乱。

很多企业都会遇到由制度、管理安排不合理等造成的损失。例如，有的工作由两个部门管，但它们都没有真正负责，因为公司没有明确的规定，结果两个部门彼此都在观望，原来的小问题被拖成了大问题，最终给公司造成极大损失。更可怕的是，缺乏制度会使整个组织无法形成凝聚力，缺乏协作精神、团队意识，导致工作效率低下。

制度对于企业来说，其根本意义在于为每个员工创造一个求赢争胜的公平环境。所有员工在制度面前一律平等，按照制度的要求工作，在制度允许的范围内实现企业目标和个人利益的最大化，从而使团队在良好的竞争氛围中实现绩效的突飞猛进。制度为员工的行为画出了规矩方圆，使员工知道哪些行为是被允许的，哪些是被禁止的。

微案例

台塑集团就是以制度化管理而闻名企业界的。台塑集团的创始人王永庆坚持靠"两权分离"的制度把台塑集团发展成中国台湾企业的王中王，台塑集团是中国台湾唯一跻身"世界企业500强"的企业。

台塑集团是从家族企业发展起来的，却注意克服了家族企业管理不严的毛病。企业管理的制度化一直是台塑集团努力的方向，正因为有了好的制度和优秀的管理，企业才得到迅速发展。

台塑集团的管理制度化是设计一套可行的管理制度，让员工按照设定的操作规范和事务流程去做事，同时，主管也能够主动地考核与追踪。工作量可被计算，工作品质也可被衡量，这是台塑集团制定管理制度的最基本的原则。

为了建立完善的管理制度，1968年，台塑集团成立了总管理处，该处全面规划台塑集团的管理制度，并负责这些制度的具体制定、推行、检查和改善等工作。

1973年，台塑集团成立了"总管理处总经理室"专门负责全面推行管理制度。当年，推行这一套管理制度时曾遭到极大的阻力。为了有效推动管理制度，台塑集团形成了"午餐汇报"制度。在王永庆的直接过问下，总经理室的人员不断努力，经过6年时间，1979年，这套制度基本稳定并得到实施，取得了巨大的成绩。

台塑集团在推行一套管理制度之后，总是不断地检讨，从中发现不合理之处，再针对这些不合理之处找出切实可行的改善措施。20世纪80年代初，台塑集团开始全面实行管理自动化。这时，台塑集团原有的管理制度刚刚稳定下来，为适应计算机管理的需要，台塑集团又开始对制度进行调整。

台塑集团的管理制度，经过多次修改，已被中国台湾公认为极完善的制度之一。但王永庆仍不满足，他认为台塑集团的管理制度还不完善。

王永庆曾说："管理离不开规章制度，好的规章制度必须具备三个必要条件：一是必须具备合理可行的条件；二是遵循这一制度办事，必须有助于群体力量的有效凝聚，能提高处理事情的效率；三是必须合理对待各阶层的员工，使他们能在公平的基础上发挥与成长。"

为提高员工素质，台塑集团为员工编制了"品质作业规范"，除了对他们进行正式训练外，还要求他们在工作中自我训练。"品质作业规范"是一个总册子，里面依据工作性质的不同，分别设计出一本本的小册子。任何员工，只要有一本属于他本人工作项目的"品质作业规范"，就能了解他自己的工作细节。

有意思的是，台塑集团甚至对菜单都实行了制度化管理。

台塑集团用于建设监督的"施工规划"，仅土木部分就有九大本，内文中对施工的规定巨细无遗：从钢筋怎样切断、怎么存放，到砖墙怎么堆砌、使用什么样的工具，全部有详细的图文说明。这是台塑集团的一位高级管理者姚光麟从美国学回来的。一次，他到美国的休斯敦建厂，看到美国人施工时一板一眼、井井有条，就想：为什么美国工人这样规整，因为他们比中国工人聪明吗？当然不是。原来，美国人有一套严格的"施工规范"。回国后，他动用了七八位工程专家，花了1年多的时间，耗资100多万新台币，终于完成了这部"宝典"。现在台塑集团在进行工程承包时，就不怕有人作弊了，这部"宝典"为他们进行预算、监督施工和检查验收提供了可靠的依据。

68. 洛克忠告：规定应该少定，一旦定下，便得严格遵守

◎ 内　容 ▶ 规定应该少定，一旦定下，便得严格遵守。

◎ 提出者 ▶ 英国教育家洛克。

没有严明的纪律，企业就会像一盘散沙。

现代经济学是这样表述的：制度至关重要，制度是人选择的，是交易的结果。好的制度浑然天成，清晰而精妙，既简洁又高效，令人赞叹。

俗话说，制度好可以使坏人无法任意横行，制度不好不能使好人充分地做好事，甚至会使好人做坏事。现在很多人缺少对制度的尊重和敬畏，甚至有很多管理者都认为管理等于制度，认为有了管理，就有了制度。这是一个误区。管理者没有做任何工作，而是让员工背负责任，拿规章测量行动，这种状态很难让员工把自己的智慧贡献出来。

微案例

众所周知，麦当劳的用人制度与众不同，麦当劳实施一种快速晋升的制度：一个刚参加工作的年轻人，可以在1年半内当上餐厅经理，可以在2年内当上监督管理员。而且，晋升对每个人是公平的，既不做特殊规定，也不设典型的职业模式。每个人自己主宰自己的命运，适应快、能力强的人能迅速掌握各阶段的技能，自然就能得到更快的晋升。而每一阶段都举行经常性的培训与测试，有关人员必须获得一定的知识储备，才能顺利通

过阶段性测试。这一制度避免了滥竽充数的现象。这种公平竞争的制度吸引了大批有能力的年轻人来麦当劳实现自己的理想。

每个有能力的年轻人要当4~6个月的实习助理，其间，他以一个普通班组成员的身份到公司各基层岗位锻炼，如炸薯条、收款、烤牛排等。他应学会保持清洁和提供最佳服务的方法，并依靠最直接的实践来积累管理经验，为日后的工作做好准备。

然后以此类推，一个工作岗位接一个工作岗位地晋升。当一名有才华的年轻人晋升为经理时，麦当劳依然为其提供广阔的发展空间。经过一段时间的努力，他将晋升为监督管理员，可负责三四家餐厅的管理工作。

3年后，监督管理员可能升为地区顾问。届时，他将成为总公司派驻下属企业的代表，成为"麦当劳公司的外交官"，其主要职责是往返于麦当劳总公司与各下属企业之间，传递沟通信息。同时，地区顾问还肩负着诸如组织培训、提供建议之类的重要使命，是总公司在某地区的全权代表。当然，成绩优秀的地区顾问仍然会得到晋升。

麦当劳还有一个与众不同的特点，那就是某人如果未预先培养自己的接班人，在公司就无晋升机会。这就促使每个人都必须为培养自己的接班人尽心尽力。正因如此，麦当劳成了一个发现与培养人才的基地。麦当劳成功的经验是：三流的员工，二流的管理者，一流的流程！可见，只有企业制度才能持续复制企业的成功！

69. 海恩法则：小错误也会带来大事故

◎内 容▶ 每一起严重事故的背后，必然有29起轻微事故和300起先兆以及1000起事故隐患。

◎提出者▶ 涡轮飞机的发明者德国人帕布斯·海恩。

事物脆弱时容易破裂，事物微小时容易散失。不要对小事掉以轻心，因为一个火苗可以酿成一场火灾，一个刹车片可以酿成一场交通事故。

在工作上，管理也好，情理也好，每一个细小的环节都可能引发大的问题。管理不细则可能导致企业形象的损坏，情理不通则会引发不满，从而影响管理的实施，所以，无论是管理还是情理都要从小处着眼，这样才能树立企业的品牌形象。

千里之堤，溃于蚁穴。企业的整个运营体系犹如一个大堤，如果不加洞察和正视，许多细节问题也有可能牵一发而动全身，或者使问题渐进化而走上由量变到质变的轨迹。很多管理者不重视细节思维，不重视基础管理，结果导致企业破产。

微案例

科利华，曾是一家在国内信息技术产业名噪一时的软件企业。但是2005年，科利华却不得不将科利华网络大厦以7000多万元的价格拍卖。科利华的失败就在于管理者缺乏细节思维，忽视了基础管理。

1991年，宋朝弟创建了科利华电脑有限公司。同年，该公司推出"科利华校长办公系统"，采取"买软件送硬件"的营销方式，迅速打开了销售局面。1994年，"科利华电脑家庭教师"成功面市，第一个月就卖了2万多套软件。1998年，科利华因两次事件声名鹊起。

一是科利华举办首届"科利华赴美夏令营"活动，选送18名中学生去美国学习，这在国内引起了轰动。科利华通过这一事件，迅速积聚了人气，公司也一炮打响。二是该公司斥资1亿元推广《学习的革命》一书，使之创造了图书行业100天发行量突破500万册的发行奇迹。

《学习的革命》的热销，使科利华走向辉煌。然而，也许是宋朝弟通过营销炒作尝到了甜头，在企业此后的经营管理中，科利华在基础管理方面的弊端逐渐显现了出来。

科利华野心勃勃，其目标是成为中国的"微软"，然而其管理、决策和运营模式无法适应一个大企业的发展需求，所有的决策都由宋朝弟一人独断。

但科利华的管理者并没有意识到企业存在的管理缺陷，而是忙于扩张，调整企业的发展目标，结果偏离了企业所熟悉和擅长的教育软件这一领域，最终科利华逐步衰败，直至停业。

科利华的衰败说明：一个企业不能仅仅依靠炒作和营销获得成功，而要依靠持久的细节管理。管理者一旦忽略了企业的细节管理，忽视了建立一个稳定的组织框架的重要性，企业就会失去持续发展的动力。

70. 布利斯定理：好的规划是成功的开始

◎内　容▶ 好的规划是成功的开始。

◎提出者▶ 美国行为科学家艾得·布利斯。

好的规划是成功的开始，做事没有计划，行动起来就必然会毫无目标。只有事前拟订好了行动的计划，梳理通畅了做事的步骤，做起事来才会应付自如。

很多公司都不注重在工作前制订计划，其实，制订计划不仅是一个细节性的问题，更是一个关键性的问题。"凡事预则立，不预则废。"做一件事，只有美好的设想是远远不够的。计划可以使你对自己的设想进行科学的分析，让你知道自己的设想是否可以实现。计划可以指导你实现设想的行动，大大节省你的时间，减轻你的压力。有了好的计划，你就有了好的开始。

微案例

苟罗尼雅公司是澳大利亚的一家颇具规模的制造公司。它设有3个事业部——蔗糖部、建筑与建筑材料部和矿业与化学品部，每个事业部下面又设有若干分公司。近年来，公司为实施经营管理方面的战略计划，经常召开各种会议，通过这些会议使各级管理人员了解整个公司的业务情况和各种目标。在每个月的董事会会议后，公司总经理要与各部门的50名高级主管人员商讨公司的业务情况。另外，公司每年还召开2次中级经理人员会议，使他们了解外界环境的各种变化及其对公司业务的影响，并制订出详细的应对计划。

在公司的3个事业部中，赫伯特领导的矿业与化学品部的计划工作做得最成功。该部计划工作的程序是自下而上的。参与制订计划工作的人员包括该部所属的10家公司的经理，某些情况下这些分公司的厂长和业务经理也会参加。

为了使各个分公司的步调能够一致起来，赫伯特总是把总公司对通货膨胀及其他各种经济因素的看法，及时告诉各分公司的经理，让他们把这些因素作为制订计划时的参考资料。各个分公司从每年的4月（该公司会计年度开始的月份）开始制订自己的战略计划，在8月之前制订完毕，并将计划交给部经理。部经理在收到这些计划之后，先进行挑选，再安排先后次序，最后在这些计划的基础上制订部一级的战略计划。部级的计划包括对各分公司未来5年的发展展望、主要的问题、所采用的战略，以及各种投资计划等内容。该计划还对投资报酬率和现值报酬率进行调整。接着，各事业部要把自己的计划送到总公司的财务部，财务部于9月将部级计划送往公司总经理办公室。在此后的1个月中，总管理处会与各部的经理仔细研究和讨论各部的计划。

在每年的11月之前，总公司会把各种指导性文件发到各部。该文件详细地说明了哪些计划已被批准，以及总公司对各部有什么期望。在每个会计年度的最后几个月里，各部根据总公司发给的指导性文件，重新制订自己的战略计划并编制预算。随后，总公司根据这些计划制订出整个公司的总计划。总计划应对整个公司的目标和战略做出详细的说明，并附有必要的统计资料。

通过这一道道繁复的程序，最后制订出来的计划就是切实可行的。为进一步确保战略计划的顺利完成，该公司还建立了一套"追踪审核"制度。该制度规定，在每一个会计年度结束之前，各分公司都应指派专门的稽核人员对计划执行的情况进行检查，并写出"追踪审核"报告，从而做到能使下1年的计划更为准确。正是这样一个严密的计划制订过程和监督执行过程，保证了苟罗尼雅公司在经营中很少发生失误，从而使公司保持蒸蒸日上的发展势头。

71. 参与定律：每个人都会支持他参与创造的事物

◎内 容▶ 每个人都会支持他参与创造的事物。

◎提出者▶ 美国著名企业家 M. K. 阿什。

"天时不如地利，地利不如人和。"在企业中，"人和"就是指拥有良好的工作氛围。管理者表现出自己的魅力，做一个优秀的领头人，让下属对企业有一种大家庭式的归属感，并积极参与企业管理，可以最大限度地激发员工发挥自己的才智，为组织制造一个全新的局面。

将自己的企业建设成一个和睦的"大家庭"，是很多企业家孜孜不倦追求的目标。在这个大家庭中，管理者与员工之间的"亲和一致"是企业发展的内在动力。为了实现这一目标，管理者要承认和尊重员工的个人价值，培养员工参与企业管理的能力。

管理者与员工之间应该是合作伙伴关系，管理者如果不能把员工看作自己事业的合伙人，处处吝啬、苛刻，就很容易站到员工的对立面去。聪明的管理者应该把员工当作企业的合伙人，因为员工不仅是企业财富的创造者，更是企业发展的推动者。

员工是企业最重要的资产。管理者切实把员工看作合作伙伴，处处以员工的利益为重，员工就会以主人翁的精神和态度为公司尽心尽力。

微案例

　　星巴克咖啡的历史不长，1971 年，星巴克只卖咖啡豆，而不是现在大家熟悉的咖啡店，星巴克作为咖啡店是 1987 年才开始的。但是在较短的时间里，星巴克有着快速的发展，2001 年美国《商业周刊》的全球著名品牌排行榜上，星巴克排名第 88。2003 年 2 月，《财富》杂志评选全美最受赞赏的公司，星巴克名列第 9。

　　在华尔街，星巴克早已成为投资者心目中的安全港。过去的 10 年间，它的股价在经历了四次分拆之后，攀升了 22 倍，收益之高超过了通用电气、百事可乐、可口可乐、微软以及 IBM 等大公司。

　　星巴克现在已经发展成拥有 2.2 万多家门店的大型企业，目前在中国一共有 2800 多家门店，成为全球最大的咖啡零售商、咖啡加工厂。

　　是什么创造了星巴克的奇迹？将星巴克"一手带大"的前董事长霍华德·舒尔茨的回答是："我们的最大优势就是与合作者相互信任，成功的关键是在高速发展中，保持企业价值观和指导原则的一致性。"而在这种价值观里，员工第一，顾客第二，把员工当作合作伙伴是最重要的一点。

　　舒尔茨的管理理念与他的出身有关。他的父亲是货车司机，他家境贫寒，所以他理解和同情生活在社会底层的人们。据说，他从小就有远大抱负——如果有一天他能说了算，他将不会遗弃任何人。舒尔茨的这种平民主义思想直接影响了星巴克的股权结构和企业文化，这种股权结构和企业文化又直接造就了星巴克在商业上的成功。他坚信把员工利益放在第一位，尊重他们所做出的贡献，将会带来一流的顾客服务水平，自然会有良好的财务业绩。

　　员工与顾客到底谁排第一，如同先有鸡还是先有蛋，各有各的道理。从顾客满意理论的角度来看，员工也是顾客，只不过是内部顾客而已，所以强调顾客第一本身并无错。但有一个基本的逻辑是：满意的顾客是由员工创造出来的。你对员工好，员工才会对顾客好，没有满意的员工就没有满意的顾客，这就是星巴克的价值观，也是企业应该关注的一个普遍规律。

任何一个理念都必须有相应的制度做保证，并体现在相应的制度设计和措施中。星巴克的管理理念恰恰体现在以人力资源驱动品牌资产的战略中，并在实践中形成了良性互动，最终星巴克成为商场上的大赢家。

72. 乔治原则：处分的目的在于教育，而不在于惩罚

◎内 容▶ 处分的目的在于教育，而不在于惩罚。

◎提出者▶ 美国管理学家小克劳德·乔治。

管理者要重视奖惩制度的运用，奖励是为了激励先进，惩罚则是为了鞭策后进。管理者不要仅仅把奖惩制度看作管理员工的手段，而要将其看作一种激励机制。运用好奖惩制度，可以有效地规避管理过程中的一些风险，使企业成为有战斗力的团队。

要运用好奖惩制度，首先，要使制度体现公平性。任何人努力取得的成果都必须和他所获得的收益相匹配，因此管理者要奖优罚劣，更要有公平的奖罚尺度。一旦丧失了公平的尺度，就会使不该奖的人得意忘形，使不该罚的人心灰意冷，而这对提高企业的整体绩效极其不利。

其次，要注意惩前毖后，防患于未然。管理者的任何一个错误的奖惩决策都会引起一连串的误导效应。管理者在奖惩决策方面的错误就如同是在污染一条河的源头，这种自以为是的决策错误是最愚蠢的错误。

☀ 微案例

刘伟去年进入了一家小有名气的合资企业。这家公司实行工资保密制度，一般情况下，员工间相互都不知道彼此的收入。刘伟对这份工作很满

意，一方面公司人际关系和谐、气氛轻松，工作起来虽累却很舒心；另一方面薪水也不错，底薪每月 3000 元，还有不固定的奖金。

刘伟一门心思扑在工作上，经常加班加点，有时还把工作带回家做，而且确实取得了显著成效。同事们都很佩服他，主管也很赏识他。

年终考核时，人力资源主管对刘伟的工作予以了高度评价，并告诉刘伟公司将给他加薪 15%。听到这个消息后，刘伟非常高兴。这不仅是钱的问题，也是公司对他业绩的肯定。

而同年进入公司的王明却高兴不起来，因为他的业绩不好。午饭时两人聊了起来，王明唉声叹气地说："你今年可真不错，不像我这么倒霉，薪水也不涨，干来干去还是 3900，什么时候才有希望啊！"刘伟猛然意识到，原来王明的底薪比他高 900 元。他对王明并没有意见，可是他想不通，即使不考虑业绩，两人职务相同，王明的学历、能力都不比他强，为什么工资却比他高这么多呢？刘伟不仅感到不公平，而且有一种上当受骗的感觉：我一直以为自己的工资不低了，应该好好干，原来别人的工资都比我的高。不久，刘伟辞职离开了这家公司。

上述案例中，工作努力的刘伟尽管被奖励了却产生了被骗的感觉。这样的奖惩制度怎么会使员工认同企业的价值观和文化呢？而员工一旦对企业没有了向心力，又怎么可能努力提高绩效呢？刘伟辞职的根本原因就在于该公司的奖惩制度缺乏标准，失去了公平性，决策者和管理者都应该引以为戒。

73. 热炉法则：没有规矩，不成方圆

◉内　容▶　在工作中违反了规章制度，就像触及一个烧红了的火炉，会得到"被烫伤"的结果。

◉提出者▶　西方管理学家。

　　一个管理者的威严是其统领部下的基础，威严就像管理者的骨骼一

样，是其得以立足的根本。那么，威严从哪里来呢？

威严从制度中来。一个不重视公司制度建设的管理者，不可能是一个好管理者。俗话说："没有规矩，不成方圆。"这句古语也很好地说明了制度的重要性。一个企业想不断发展永续经营，有一个比资金、技术乃至人才更重要的东西，那就是制度。

一个企业，假如缺乏明确的规章、制度和流程，那么工作中就很容易产生混乱，有令不行、有章不循。很多企业都会遇到由制度、管理安排不合理等方面造成的事故。有的工作好像两个部门都管，但其实谁都没有真正负责，因为公司并没有明确规定各自的权责，结果两个部门彼此都在观望，原来的小问题就被拖成了大问题，最终给公司造成了极大的浪费。更可怕的是，缺乏制度会使整个组织无法形成凝聚力，缺乏协调精神、团队意识，导致工作效率低下。

制度化管理是现代管理的要求。制度化管理，也就是以制度规范为基本手段协调组织、集体协作行为的管理方式。制度化管理是被现代大多数组织广泛采用的一种管理方式，体现了现代管理的必然要求。一个具有良好、完善制度的组织往往能够高效、合理地运营，这就是制度化管理的魅力所在。

制度对于企业来说，其根本意义在于为每个员工创造一个公平环境。所有员工在制度面前一律平等，他们会按照制度的要求进行工作，会在制度允许的范围内努力促进企业效益和个人利益最大化，从而使各个团队在良好的竞争氛围中实现绩效的突飞猛进。企业管理者一定要善于把制度引发的竞争乐趣引入管理工作中去，让团队中的每一个人都对工作保持激情，兴趣百倍地去工作。

微案例

美国哈佛大学的前身只是一个地方小学院。其发展壮大的秘诀是，不管别人怎么议论,哈佛人总是相信他们长期以来在管理上的坚定不移的信仰与毫不动摇的执行理念:法理第一,制度高于一切。

根据记载,当年牧师哈佛立遗嘱时,把他的一块地皮和400余册图书捐赠给了当地的一所学院——现在的哈佛大学。此后,哈佛大学一直把牧师的这400余册图书珍藏在哈佛楼的一个图书馆内,并规定学生只能在馆内阅读,不能携出馆外。1764年的一天深夜,一场大火烧毁了哈佛楼,所有书籍因此化作灰烬。但在此之前,一名学生碰巧把哈佛牧师捐赠的《基督教针对魔鬼、世俗与肉欲的战争》一书带出了图书馆,他打算在宿舍里优哉游哉地阅读。

第二天,当哈佛楼遭遇大火的消息传开后,这位学生很快意识到,他从图书馆携出的那本书已是哈佛捐赠的400余册图书中存世的唯一一本了。当然,转眼间这本书也就成了世间价值连城的珍品。经过一番思想斗争后,这位学生找到了当时的校长霍里厄克,把书还给了学校。这件事情的结果既是特殊的,也是意味深长的。校长收下了书,并对这位学生表示了最衷心的感谢,不过校长随后即下令将这位学生开除了,理由是这名学生违反了校规。

这似乎有些不近情理,怎么能这样对待这位无私的学生呢?谁都知道,这本书是哈佛牧师所捐赠的书籍中唯一存世的,也是世间绝品,价值不可估量。然而,哈佛有哈佛的理念,而且哈佛的理念不能有丝毫偏离:法理第一,制度高于一切。借助校规看守哈佛的一切比借助道理看守哈佛更安全有效。换言之,用制度管理哈佛并且坚定不移、毫不动摇地去执行,这是哈佛管理者永远的理念,是他们永远的行事态度,也是他们成功的保障。

第七章　创新不只是一个口号

74. 柯美雅定律：任何东西都有改革的余地

◉内　容▶ 世界是不断发展变化的，企业需要不断创新、变革来适应这种变化。

◉提出者▶ 美国社会心理学家柯美雅。

很多时候，管理按部就班、人云亦云的结果就是满盘皆输。看看那些叱咤风云的成功者，我们可以更好地理解什么叫"不按常理出牌"。

管理者如果不能主动求变，不能持续地变化，必然会被世界的变化大潮所淹没，在竞争中出局。管理者持续的创新精神，能够使自己和企业表现出高度的自信，设立出大胆的远景目标，采取有胆识、有魄力的创新行动，甚至违背企业界的流行做法和谨慎战略，从内部推动企业不断革新与不断前进，不断改变企业的发展状况，从而使企业在竞争中获胜。

管理者应该坚持创新。创新是指对新思想、变化、风险乃至失败都抱欢迎态度。这世界上没有不朽的产品，没有永存的企业，唯有变化、唯有创新才能生存、才能发展，也只有这样才能保持企业的竞争力，使企业在市场中立足、发展。

所有有为的管理者都懂得改变求发展的道理，环境的变化是一种新的时势、新的发展机遇。无论是地理环境、交际环境，还是职业环境、人文环境，每一次改变都为我们提供了一个广阔的新的发展空间。如果管理者能敏锐地抓住这些改变的契机，主动改革，主动创新，那么企业必然会在变化中发展得更好。

改变就是从旧模式到新模式的转换，这意味着管理者必须用全新的视角、全然不同的方式来思考原有的问题。我们每个人都具备这种"创造性的能力"，区别的关键就是无能者任由这种能力被埋没，而有为者则主动去表现自己的创造性能力，打破因循守旧的思维习惯，努力改变现状，带领企业走向美好的明天。

微案例

海德·道格拉斯是美国奥什康什公司的总裁。这家公司在成立之初主要供应农民穿的围裙。在 1895 年到 20 世纪 70 年代将近 80 年的时间里，奥什康什公司的围裙销量一直都很高，利润也相当可观。这种产品在当时十分适合需要穿着围裙耕地、挤奶、喂猪的美国农民使用。

然而，随着农业现代化水平的提高，农业大多为机械化作业了。海德·道格拉斯接任奥什康什公司总裁后，敏锐地察觉到了市场的这种变化——穿着围裙工作的农民很少见了。因此，为了调整公司的发展方向，他在一次高层会议上说："现实环境已经改变了，我们不应再以 5 年前的眼光看待问题，而应该认真地分析市场变化，详细地做好战略发展计划，并准确无误地实施计划。" 1978 年，海德·道格拉斯经过细心观察、认真分析，发现了一个正在急剧膨胀的新市场。许多年来，公司一直为邮购商店生产小孩穿的一种工装裤。他发现邮购商店 1 年卖这种商品的数量超过了 7000 条，他认为这里潜藏着很大的商机。为了证实这种想法，他果断地做出决策，给儿童用品零售商寄发了直销邮件。零售商试销后，市场反应很不错，于是订单便如雪片般不断飞来。从此，海德·道格拉斯把工作重心放到了努力开拓童装市场上，很快打开了新局面。

到了 20 世纪 80 年代，由于童装市场竞争十分激烈，海德·道格拉斯又一次主动求变，改变了公司的发展方向。经过调查他发现，随着人们生活水平的提高，人们对于童装的要求也越来越高。于是，他为公司制定了新的战略定位——以生产做工精细、时髦漂亮的高档童装为主打方向。这一战略调整使公司的效益实现了一次重大的飞跃，公司的规模也不断扩大，终于成了一家世界级的大公司。

到了 20 世纪 90 年代，海德·道格拉斯又发现沃马特、克马特、塔甘等大企业占据了童装纽扣市场一半的份额。为了企业的长远发展，他毅然决定进军童装纽扣市场，这一措施有力地维持了奥什康什公司的市场地位，保证了公司的长远发展。

75. 艾奇布恩定理：关注小的想法，提防"大企业病"

◎**内 容**▶ 如果你遇见员工而不认得，或忘了他的名字，那你的公司就太大了点。摊子一旦铺得过大，你就很难把它照顾周全。

◎**提出者**▶ 英国史蒂芬·约瑟剧院导演亚伦·艾奇布恩。

客观事物是在不断变化的，无论是个人还是企业，因此观念也要随之改变，唯有变，才能获得发展机会。观念决定了行为方式，大企业的运作往往固化。如果你把行为方式变"墨守成规"为"解放思想"，那么你将会发现很多创新的机会。

要想永葆领先优势，就要促使自己不断创新。而要想不断创新，就需要管理者时时发动观念的变革，消除过时的思维，吸收新颖的想法，以观念的变革来带动企业的变革。

☼ 微案例

惠普公司如今的发展就和领导层不断鼓励员工创新观念有关。惠普公司从最开始的电子仪表领域到工程用计算机的研制与开发，再到商用小型机、计算机设备、打印机、UNIX 系统；从网络软件，到个人电脑及电子化服务，公司一直在不断改变、创新。虽然每一个新产品的推出，都是一个非常艰辛漫长的过程，但惠普依然不懈地努力，而这正是惠普得以在激烈的市场竞争中立足的根本原因。

惠普的创始人之一戴维曾经指出，惠普公司之所以能够不断地创新，主要有以下几个方面的原因：公司鼓励创新者们创新；创新者们的敬业；生产工艺的不断创新。而在这三个因素中，发挥最大作用的当属公司鼓励创新者们创新这一管理措施。在惠普公司，实验室里的经理们每天的一项重要任务就是，保持并激发研究员们创造的热情，鼓励他们不断产生新思想，保证公司研发出来的产品能在利润期内获得最大利润。

惠普的管理者"戴帽子的过程"最能说明他是如何鼓励员工进行创新的。当某位员工产生了一个新想法并找到管理者时，管理者会戴上一顶"热情"的帽子，认真地倾听员工的想法并适当地表示惊讶或赞赏，同时问一些温和的问题，以鼓励其继续深入下去。几天以后，管理者会把这名员工叫来，这回他戴的是一顶"询问"的帽子——提出一些非常尖锐的问题，促使创新者对新想法进行彻底的探讨，以确定这项提议是否可行、有无价值和能否为企业带来利益。不久以后，管理者又会第三次见这位创新者，这时他所戴的是"决定"的帽子。管理者经过严格的逻辑推理和缜密的思索后对创新者的创意做出判断，并下结论。

惠普的这种管理方式，不管员工的创新是得到支持还是被否决，都不会挫败他们的创新热情，反而更加激励他们，使他们更加努力地继续思考和研究，得出有益于企业的新想法、新提议。而惠普之所以采用这种领导方式，是因为惠普的管理者认为每一个惠普人都要有创新的欲望，因此鼓励员工通过参加公司及外部组织的各种知识培训，打牢创新的知识基础。

在这样的环境中，惠普的每一名员工都非常踊跃地进行创新，即使他们的部门管理者否定了自己的新想法，通常并不能真正地扼杀它们。忠实拥护这些想法的工程师们会偷偷地钻研下去，因为他们坚信自己的想法会成为现实，会给公司带来超乎想象的利益。而惠普的这种做法也为其带来了许多收益。夸克·修斯是惠普的一位工程师，当他正在研制一种显示器时，上级却通知他放弃研究。但是他并没有这么做，而是通过深入的市场调查，说服了研究与开发经理把这种显示器投入生产。结果，惠普公司通过销售 1.7 万台这种显示器，赚取了 3500 万美元的利润。

还有一个有趣的例子就是惠普曾经有一个代号为"欧米茄"的项目很有发展前景，还可能成为公司新的利润增长点，但遗憾的是耗资巨大。如果项目上马，惠普将不得不举债为它筹资，但这违背了惠普一直以来奉行的依靠利润促进发展的原则，并且它会将惠普推向一个自己根本不熟悉的竞争市场——直接与 IBM 的主机业务进行激烈竞争。公司否定了这个项目，但是几个热衷于"欧米茄"项目的工程师仍然在实验室里偷偷地进行研究。后来，惠普公司的几个主要经理和工程师再一次审查时发现了它的价值。于是，"欧米茄"项目正式上马，改名为"阿尔法"，并且产出了惠普公司的第一台多功能计算机。"阿尔法"于 1972 年作为 HP3000 推向市场，获得了巨大的成功。

惠普管理层的这种鼓励创新的思想，激发了员工们的创新意识，并为惠普带来了可观的利益。而同时，管理者也注重在鼓励创新的同时给予奖励，不仅包括物质上的——惠普会把员工创新所带来的利润的一部分奖励给员工，还有精神上的。夸克·修斯在成功地研制出新型显示器后，总裁戴维亲自授予了他一枚奖章，奖励他"超乎工程师的正常职责范围，表现出异乎寻常的藐视上级指示"的精神和态度。

76. 奥尔定理：一个企业如果无法日求更新以适应
消费者的需要，其问题将层出不穷

◎ 内　容 ▶ 企业是社会经济的基本单元，创新是其生存的基础，是企业生命的源泉，是企业获得与维持竞争优势的根本保证，是企业持续发展的不竭动力。如果企业只是安于现状，那么它只有死路一条。管理者要勇于创新、善于创新，引领企业走向新成功。

◎ 提出者 ▶ 英国优利福企业前总裁奥尔。

创新是人类社会的永恒主题。人类社会发展的历史，就是一部不断创新的历史。人类在创新中进步，社会在创新中发展。

创新是企业发展的根本动力。忽视技术和产品的创新，企业发展后劲必然不足。例如，家电生产商已经不可能靠大规模生产来创造更多的附加值，一味强调生产而忽视创新，就必然被市场抛弃。家电市场的竞争最终会落在产品技术层面上，但技术是通过产品表现出来的，如何提供高品质、高科技含量的产品才是中高端市场竞争的核心所在。

一个企业要在不断变化的环境中求得发展，就不能墨守成规，必须不断地进行创新，这样才能增强应变能力和竞争能力，取得竞争优势，获得可持续发展的原动力。

☀ 微案例

波轮式洗衣机是日本人发明的，滚筒式洗衣机是欧洲人发明的，搅拌式洗衣机则是美国人发明的，海尔人一直有一个梦：发明世界领先的"中国造"洗衣机。在德国柏林举行的第一届全球家电展览会上，海尔推出了具有国际 PCT（专利合作协定）发明专利的"双动力"（滚筒、波轮功能二合一）洗衣机，以双一半（用水一半、用时一半）、三模式（搅、揉、搓）的卓越性能引起了极大关注，成为全球家电展览会上的最大亮点。之后海尔又推出"玫瑰钻"滚筒洗衣机，该机成为海尔创新的又一典范。科技含量高，加上人性化设计，使该机"秀外慧中"，机身仅厚 40 厘米，却能容下 5 千克的衣物。有了这些优点，海尔"玫瑰钻"成了商家和消费者的新宠。

海尔冰箱的市场综合占有率、产品销量在国内同行业内，已连续12 年稳居榜首，被数家权威部门推上"王座"，海尔冰箱往往以大于第二与第三业绩之和的业绩占据冰箱市场的巨大份额。这些市场业绩得益于其持续的创新和闪电般的更新换代速度，仅在 2001 年，海尔冰箱便推出了 212 款新产品，包括引领全频科技的海尔太空冰箱，被世界营销大师科特勒先生授予"创意奖"的微波炉冰箱，"无须解冻即时切"的给全国用户带去健康和便利的海尔快乐王子 007 等。在某次美国国际家电展上，海尔冰箱推出的印有各式富于动感的美国国旗图案的"国旗冰箱"使美国人激动不已。在国内，海尔画门 007 冰箱掀起了一股"色彩斑斓的流行旋风"——消费者可以根据自己的需要给冰箱门换新貌。

77. 达维多定律：企业要保持领先，就必须时刻否定并超越自己

◎内 容▶ 一家企业要在市场中总是占据主导地位，那么就要做到第一个开发出新一代产品，第一个淘汰自己现有的产品。企业要保持领先，就必须时刻否定并超越自己。

◎提出者▶ 英特尔公司前副总裁达维多。

社会生活中的规律就像张弓射箭：举高了就压低一点，压低了就抬高

一点；弦拉过头了就放松一点，拉少了就拉紧一点。在企业管理中，什么样的情况都可能发生，这就要求管理者有一个机智灵活的头脑，善于随机调整、自我淘汰，然后自我创新。

老鹰是世界上公认的寿命较长的鸟类，它的年龄可以达到 70 岁，然而要活那么长的时间，就必须在 40 岁时做出痛苦而重要的决定。

当老鹰活到 40 岁时，爪子开始老化，无法有效地抓住猎物；喙变得又长又弯，几乎可以碰到自己的胸膛；翅膀也变得十分沉重，因为羽毛长得又浓又厚。这时，它只有两种选择：等死或是经过一个十分痛苦的更新过程——150 天的脱胎换骨。

若选择脱胎换骨，它必须很努力地飞到山顶，在悬崖上筑巢，停留在那里，确保安全。老鹰首先用它的喙击打岩石，直到喙完全脱落，然后静静地等候新的喙长出来。接下来，它会用新长出来的喙把指甲一根一根地拔掉。当新的指甲长出来后，它再把羽毛一根一根地拔掉。几个月后，新的羽毛长出来了，它便又能够自由翱翔，获得 30 年的岁月！

企业要想有长远的发展，有些时候就必须做出困难甚至是痛苦的决定。企业做大固然好，但问题也会接踵而至。正是因为"大"了，其"喙""爪"使得执行力衰退，其"毛"使"机体"日渐臃肿，其敏感性也日益降低，对市场的反应能力大不如前，企业也面临着危机。这时候管理者就要痛下决心，革除弊端，使企业重新拥有活力。

微案例

江苏综艺集团董事长昝圣达在设计师做得得心应手的时候毅然辞职创业，因为他隐隐感受到了我国民营经济发展的美好前景；做服装内销做得红红火火的时候，他突然改做服装外销业务，因为他预见到国内市场竞争的惨烈和利润的薄弱；在稳坐我国丝绸服装出口企业的冠军宝座的时候，他将投资范围拓展到木业，因为他意识到服装企业的增长速度已接近极限，企业必须寻找新的"舞台"；在国内大多数企业还没看懂资本市场的时候，他已经果断开始行动，为企业上市倾尽全力；在传统产业生意兴隆、万事如意的时候，他一步步地介入高科技领域，从软件流通到软件开发，再到芯片设计，步步为营，局局领先。

昝圣达表示，自己的指导思想是"远离竞争"，在一个行业如日中天的时候，必须考虑新的投资方向以分散风险。因为一个过热的行业会吸引过多的竞争者进入，市场很快会因为竞争激烈而使利润降低。转型总是痛苦的，尤其是进入一个陌生的领域，可昝圣达相信：人无远虑，必有近忧，与其承受被动改变的痛苦，不如主动改变，先苦后甜。

一些媒体认为昝圣达是个资本玩家，可昝圣达不赞同这个说法，他觉得自己是个实业家。他认为，传统产业做的是加减法，企业发展的速度相当有限；而运用资本经营做的则是乘法，企业发展的速度大大提高了；成功的资本经营加上高科技产业，那么做的就是乘方了，能使企业以几何级数迅速壮大。

昝圣达关心的关键问题有三个：市场在哪里？技术优势在哪里？成本优势在哪里？有些产品有很先进的技术，但没市场，你卖给谁？有的有市场，但技术含量很低，谁都可以进入该产品市场。前两个问题都解决了，就要看企业的成本优势在哪里。

昝圣达认为：一流企业卖标准；二流企业卖品牌；三流企业卖技术；四流企业才卖产品。昝圣达朝卖标准的方向努力，最终结出了硕果。由江苏综艺集团投资的完全拥有自主知识产权的计算机芯片"龙芯2号"获得了巨大成功，结束了我国信息化建设没有"中国芯"的历史。这样一个走在IT产业前端的现代企业集团却是从一家生产刺绣服装的村办小厂起家的，这正是昝圣达与时俱进、不断否定自我的结果。

78. 底博农定理：只有允许失败才能真正鼓励创新，否则一切都是空谈

○内 容▶ 要求事情在任何阶段任何时间万无一失，也许是产生新思想的最大障碍。

○提出者▶ 美国心理学家爱德华·底博农。

大多优秀企业的管理者都知道要想让员工敢于创新，就要先让创新者打消害怕失败、遭受惩罚的念头。这些管理者深明这样的道理：要想进行卓有成效的创新，就得进行不同形式的尝试，并在尝试中保留正确的东西，摒弃那些无效的东西。所以，管理者要进行创新，首先必须建立起"失败后还有明天"的思维，创造更加自由宽松的人文环境，让"接受失败，容忍失败"成为一种被普遍认同的文化。

这个世界就是如此，很多东西是无法预料的，失败和错误更是创新过程中的有机组成部分。管理者要想得到正确的东西，就要在不断失败的尝试中寻找，就像3M公司的那句名言："为了发现王子，你必须与无数个青蛙接吻。"吻到青蛙并不是坏事，因为如果没有那些失败的体验，就不可能获得成功，这是不变的真理。因此，企业只有建立一种鼓励创新、允许失败的企业文化，员工才会积极主动地进行创新活动，全体成员才有可能都参与到创新工作中来。

事实上，真正成功的新构思背后是成千上万个失败的创意，但是这些失败对企业并非无益，实际上失败和死胡同可能正是下一轮创新的发力点。因此，只有允许失败才能真正鼓励创新，否则一切都是空谈。

一个企业是否鼓励自由创新、宽容创新失败，是检验其是不是有创新勇气的试金石。当创新者有所失误、有所失败时，企业理应提供一种宽容的氛围，鼓励他们在前进的征途上，以志气和胆量创造造福时代的辉煌业

绩，用锐气和豪气写就排除万难的绚丽篇章。

微案例

奥的斯电梯公司就是一家鼓励创新的典型的美国企业，它的总裁苏米特拉·杜塔就对员工宣扬这样的观点："放手去做你认为对的事，你即使犯了错误，也可以从中得到经验教训，不再犯同样的错误。"这样一来，企业的所有员工便可以放心大胆地去探索、实验创意，积极发挥创新才能，为企业做出一番贡献。

苏米特拉·杜塔经常鼓励下属，他说："如果我们只知道执行上司认为对的事情，这个世界永远也不会加速进步。"他要求公司的每一个主管必须鼓励和培养员工的创造力和毅力。他常说："年轻人总是有些创意的，主管不应该只懂得向他们填塞那些现成的观念，这样可能会扼杀不少本来很好的创意。"苏米特拉·杜塔还认为，企业不宜将员工的职责定得太细、太清楚，这样做既不明智，也没有必要。只有管理者把所有员工视为自己的家人，员工才会安心自觉地做好力所能及的事；否则，只会限制员工的创意和灵感的发挥，损伤员工的创造力。在奥的斯电梯公司，是不允许责罚犯了错误的员工的，解决问题的关键是找出犯错的原因，而不是惩罚犯错误的人。

有个公司的总经理曾经对苏米特拉·杜塔抱怨："公司里有时会出点差错，但又找不出该负责任的员工，真不知为什么。"苏米特拉·杜塔赶紧回答："找不出是好事，如果真找出那位员工，可能就会影响其他员工。"他说："任何人都可能犯错误，我也犯过错误。我们奥的斯的电梯系统是一种领先于时代的产品，虽然这是一种革命性的电梯系统，但是公司进入市场的时机不恰当。本来我们奥的斯的电梯系统最适用于超高层建筑，但我们的电梯正好在亚洲金融危机前的几个月投入了市场，几周后世界上最大的、最有生机的新摩天大楼市场就崩溃了。我的决策出现了失误。"他继续说，"谁也免不了犯错误，在创新过程中更是如此，但是从长远来看，这些错误也不至于动摇整个公司。错误也许不可原谅，但是犯错的人是可以原谅的。一个员工如果因犯错误而被剥夺升迁机会，也许就此一蹶不振，谁还愿意为公司做更大贡献呢？假使将犯错误的原因找出来，并公布于众，无论是犯错误的人还是没犯错误的人，都会牢记在心的。"

在苏米特拉·杜塔领导的奥的斯电梯公司，所有员工都不怕犯错而且勇敢创新，因为苏米特拉·杜塔是这样告诉他的员工的："员工犯点错误不奇怪，我们应该像对待小孩犯错误一样，要帮助他而不是抛弃他。特别是要耐心找出犯错误的原因，避免他或别的人重犯，这不但不是损失，反而使员工获得了教训。在我多年的领导生涯中，我还真找不出几个因犯错误而使我想开除的人呢。"

79. 罗杰斯论断：成功的公司不会等待外界的影响来决定自己的命运，而是始终向前看

◎**内　容▶**　成功的公司不会等待外界的影响来决定自己的命运，而是始终向前看。

◎**提出者▶**　美国 IBM 公司前总裁 P. 罗杰斯。

对于现代企业运营而言，所谓"奇"，就是创新。创新是企业活力的源泉，是企业长盛不衰的要诀。世界上的大企业，无一不是在无穷变化的创新中稳步称雄于世界的。

因此，企业的管理者就要引领企业在不停发展变化的环境中始终保持一颗变革创新的心，只有坚持创新、坚持求变才能让企业持续地发展，才能让企业获得更有利的竞争地位，并在竞争中获胜。

创新是管理者的重要特质，同时也应是一个企业的本质特征。管理者应该既是一个系统的构建者同时又是一个系统的变革者，要能时刻随着时

间的变化而变化；否则就会在竞争中被淘汰。

许多公司之所以能够创造出让世人瞩目的佳绩，是因为其管理者坚持不懈地追求创新理念，不断进行创新与变革。产品创新不止，企业生命不息，这是别无选择的生存之路。

☀ 微案例

20世纪初，美国邮政局实施了竞争性包裹邮递制度，垄断了所有的货物特快专递业务，这对货运行业造成了巨大影响，美国捷运公司的利润因此骤减了50%。在这种状况下，捷运公司不得不寻找新的利润增长点来维持公司的生存与发展。

公司的调查人员发现，随着美国邮政局业务的扩大，邮政汇款单日益受到欢迎，这为捷运公司提供了一个转变企业发展方向的新思路。针对这种情况，捷运公司发明了自己的汇款单。这种"联邦捷运汇款单"一经推出就取得了意想不到的成功，仅仅半年的时间就卖出了11959张。这一成功使捷运公司信心倍增，它果断地抓住了这一机遇，迅速扩大汇款单的销售区域，从其办事处扩大到火车站和杂货店，销量也因此进一步上升。此时，捷运公司已经不只是一家单纯的运输公司了，而且开始涉足金融服务领域，公司也从破产的危险中脱身，获得了利润。

一次，捷运公司总裁费格从美国到欧洲度假，他发现，在欧洲人们无法将自己的信用证兑换成现金，这使他发现了改变公司经营路线的重大机遇。费格一回到公司就召开会议，直截了当地说明了自己的想法："在这次旅行中我遇到了许多麻烦，我的信用证兑换不了现金。我觉得，如果美国捷运公司的总裁都遇到过这样的麻烦，那么普通游客的难处就更大了。因此，我们必须采取措施加以处理才行。"后来，捷运公司通过一个简便的方法解决了这个问题，它推出了一种专门用于旅行的支票，所有的信用证持有者只要在购物时签个字或在兑换现金时复签一下，就可拿到现金。

这就是后来流行于全世界的"美国捷运旅行支票"。这项创新使美国捷运公司的收益大增。因为常常有人遗失支票或迟迟不兑换现金，这就使捷运公司每月销售的支票金额比其兑换的金额要大得多，出现了可观的现金结余，而这部分结余就成了捷运公司的利润来源。后来，在乔恩·弗雷德曼和约翰·米汉合著的《卡片宫》一书中，两人就对捷运公司的这一战略转变给予了高度的赞扬：美国捷运公司在偶然间创造了一种新的国际"货币"。

旅行支票的出现不仅加快了捷运公司向金融服务领域转变的步伐，同时也彻底改变了公司的企业文化。捷运公司由此变得更加注重顾客，主动为顾客解决问题，迅速抓住一闪即逝的机遇拓展自己的业务。捷运公司在巴黎开设了欧洲的第一家旅行支票办事处，不久，一名叫威廉姆斯·丹利的员工就扩大了公司的业务，他开始在售票窗口卖轮船卧铺票，后来又说服公司开设了"旅行部"出售火车票、办理全包旅行和其他一系列旅游业务，以满足游客兑换现金、邮寄东西、安排旅行、买票、咨询等种种需求。20 年之后，这项与旅游服务有关的业务已经成了美国捷运公司的第二大战略支柱，其重要性仅次于金融服务业务。

捷运公司正是在这种不断的变革创新中发展了自己，其管理者带领员工不断发现、选择更适应环境变化的业务方式。这使公司在竞争中很好地生存了下去，获得了更好的发展，也获得了更为广阔的发展空间，使公司从一家简单的运输公司发展成如今这种规模大、涉足领域多的综合企业，在市场竞争中站稳了脚跟。

第八章　企业之间的竞争，说穿了是管理的竞争

80. 格乌司定律：具有同样生活习性的物种，不会在同一地方竞争同一生存空间

◉内　容▶ 具有同样生活习性的物种，不会在同一地方竞争同一生存空间。

◉提出者▶ 俄国生态学家和数学家格乌司。

对于一个企业家来说，选准了"生态位"，干什么都容易成功，偏离了"生态位"，干什么都容易失败。纵观成千上万的企业成功与失败的案例可以发现，虽然原因不尽相同，但有一点是非常明确的，那就是"生态位"是否正确制约着最终结果。同样的资本（包括人力资本和货币资本），为什么在此地能成功，到彼地不能成功；在同一个平台上，为什么有的人能成功，有的人不能成功；同样的一个人，为什么前期能成功，后期不能成功。这些都是因为"生态位"在起作用。

一个企业成败的原因有很多，"生态位"应该是其中主要的原因之一，因为它要求的是人与自然、人与社会的和谐发展。

好企业并不一定是 1 年能赚几亿元或几十亿元的企业，而是长盛不衰

的企业。自然界检验一个物种成功与否的标准，是看这个物种是否能延续下去，而检验一个企业成功与否的标准是看这个企业能否生存下来，能否长久发展下去。做企业不是百米冲刺，而是马拉松赛跑。能生存下来的企业就是好企业，偏离自己的"生态位"去做强者的企业，非垮不可。

☀微案例

美国通用电气公司、可口可乐公司、吉列安全剃刀公司、法国人头马白兰地酒业公司等百年不衰的公司往往都选准了自己的"生态位"。这些企业既是强者又是适者，是在自己的"生态位"上高度发挥实力。在动物界，老虎是强者，但因为人们对林地的不断开发，老虎在慢性饥饿中减少；而被视为弱者的老鼠，虽然天天被人们捕杀，然而还是到处都有，因为老鼠的"生态位"没有发生根本的变化，它们可以避开老鼠药和人们的棍棒而生存。因此，谁适应大自然创造的法则谁就可以生存下来，否则就会灭亡。

81. 鱼缸理论：发现客户最本质的需求

◉内　容▶ 发现客户最本质的需求。

◉提出者▶ 日本全面质量管理（TQM）专家司马正次。

满足客户需求是企业开展市场营销的出发点和落脚点。要想满足客户需求，企业就必须了解客户需要的是什么，以此来不断创造新的需求、新的用户和新的市场。

无疑，这种市场营销理念的广泛传播与应用给企业管理带来了深刻变革，并对管理实践产生了深远影响。但是，影响市场的因素及其变化形式非常复杂。众多营销实践表明，顾客需求不是决定商家市场行为的唯一准则。换句话说，商家单纯强调满足顾客需求，往往导致过多的厂商拥挤在同一个市场上，有时并不能给企业带来预期收益。企业还应该跃入"鱼缸"中，学会与"鱼"共"游"，在"游泳"中发现市场、开拓市场。因为，在五彩斑斓的现代经济社会生活中，不是缺乏市场，而是缺乏发现市场的眼力；不是缺乏商机，而是缺乏捕捉商机的能力。在顾客的需求下面寻觅潜在的机会，在更高层次上拓展生存和发展的空间，这才是鱼缸理论的高明之处。

微案例

近几年来，家电行业的竞争异常激烈，众多厂家为了在日趋成熟与饱和的市场上争得一杯"残羹"，以价格大战为标志的恶性竞争使家电市场一塌糊涂，如彩电已落得个全行业亏损的悲惨境地。在这场混战中，海尔坚持不参与"价格战"，而是打一场着眼于为顾客利益考虑的"价值战"，顾客点什么"菜"就做什么"菜"正是这一经营理念的根本体现。

2005 年 5 月，海尔电脑接受了大鹏证券和广发证券送来的"菜单"。由于大鹏证券各地区分支机构对电脑产品的具体需求有很大差异，因此，虽然其订购的总量很大，但有些机型的需求量很有限，于是大鹏证券提出了"按需定制"的要求。而这对于规模生产的品牌电脑厂商来说，通常是很困难的。海尔针对这一情况，凭借自身雄厚的技术研发实力，专门开发了适合大鹏证券信息化建设的"佳龙"系列电脑，并根据各地区的具体需求定制、生产不同配置的产品，使合作中最大的障碍得以顺利解决。而广发证券的情况与大鹏证券的基本相同，为此，海尔将广发证券订购的电脑分为标准机型和特定机型两种，各分支机构可以根据自己的具体情况进行选择。为确保网络系统的正常运行，海尔专门为广发证券提供了特殊服务，并对为广发证券配备的所有海尔电脑实施全程监控。

遵循这一理念，海尔为北京市场提供了技术水平最高的、非常贵的高档电冰箱；为上海家庭生产了瘦长型、占用面积小、外观漂亮的"小小王子"电冰箱；为广西顾客开发了有单列装水果用的保鲜室"果蔬王"电冰箱。从顾客不断变化的个性化需求中，海尔创造出了一块又一块可以独自享用的新"蛋糕"。

82. 斯通定理：一切取决于销售人员的态度，而不是客户

◎内　容▶ 一切取决于销售人员的态度，而不是客户。

◎提出者▶ 美国"保险怪才"斯通。

世上没有做不好的事，只有态度不好的人。做任何事情，都要有一个好的态度。有了好的态度，你对工作、生活、他人都会表现出热情和活力；有了好的态度，你就不怕失败，即使遇到挫折也不会气馁。

世上无难事，只怕有心人。古语早就教导人们，做任何事情都必须下定决心，不怕苦不怕累，只要认真去做了，人生就会无憾，也相对会得到一个好的结果。努力不一定带来成功，但不努力就一定不会成功。

心有多高你就会飞多高，成败往往在一念之间。一个人能否成功，就要看他对待事业的态度如何。成功者与失败者之间的区别就是：成功者始终用最积极的行动、最乐观的精神和最丰富的经验支配和控制自己的人生；而失败者则刚好相反，他们的人生是受过去的种种失败与疑虑引导和支配的。

销售人员要懂得"将心比心，以情换情"，要认识到真诚的态度胜过一切。要想获得客户的认同与信任，就要与他们真诚交流，耐心听取他们的意见、需求和顾虑。只有在理解了客户的需求之后，销售人员才能当好客户的顾问，才能把产品成功销售给客户。

☀ 微案例

从事房地产营销业务的王先生，有一次，承担了一项艰巨的营销工作，因为他要营销的那块土地紧邻一家木材加工厂，电锯的噪声使人难以忍受，虽然这片土地接近火车站，交通便利。

王先生想起有一位顾客想买块土地，其提出的价格标准和地理条件与这块地的大体相同，而且这位顾客以前也住在一家工厂附近，整天噪声不绝于耳。于是，他就前去拜访这位顾客。

"这块土地处于交通便利地段，比附近的土地价格便宜多了。当然，之所以便宜有它的原因，就是因为它紧邻一家木材加工厂，噪声较大。如果您能容忍噪声，那么它的地理条件、价格标准均与您的希望非常相符，很适合您购买。"王先生如实地对那块土地做了介绍。

不久，这位顾客去现场参观考察，结果非常满意，他对王先生说："上次你特地提到噪声问题，我还以为噪声污染一定很严重，那天我去观察了一下，发现那种噪声的程度对我来说不算什么。我以前住的地方整天重型卡车来来往往、络绎不绝，而这里的噪声一天只有几个小时，所以我很满意。你这人很诚实，要换作别人或许会隐瞒这个缺点，只说好听的，你这么坦诚，反而使我放心。"

就这样，王先生顺利地做成了这笔难做的生意。

83. 福特法则：生意是否成功，要看顾客是否再上门

◎内 容▶ 生意是否成功，要看顾客是否再上门。

◎提出者▶ 英国信佳福特集团前行政主管 L. 福特。

忠诚的营销是为了企业的发展忠诚于顾客的营销。公司的忠诚顾客越

多，公司的收入就越多；然而，公司对忠诚顾客的支出也越多。发展忠诚顾客的获利率也往往高于公司的其他业务活动的。一个公司应该在顾客关系活动中投入多少，才能使成本不超过收益呢？

每一个市场都由数量不同的购买者组成。一个品牌的忠诚者的市场是指一个品牌的坚定忠诚者在买主中占很高百分比的市场。

对营销人员来说，提高客户忠诚度就等于保证了售后服务的利润，拥有客户的多少就是拥有市场份额的大小。不少营销人员为提高客户忠诚度在售后服务的便利性方面下了不少功夫，比如在客户比较集中的区域设立了售后服务网点。

目前还没有一个统一的定义来描述客户忠诚度是什么，以及忠诚的客户究竟是谁。直接来讲，客户忠诚度可以说是客户与企业关系的紧密程度，以及客户抗拒竞争对手吸引的程度。

微案例

在美国，戴尔是第一个向制造商直接出售技术支持的公司，它把为顾客提供满意的服务与支持制度化了。这个公司以"戴尔视野"为基础，创造出一种服务能力。它认为，顾客"必须掌握质量技术，并感到愉悦，而不仅仅是满意"。事实上，这个公司在 1993 年就认识到，通过零售商，如沃尔玛销售个人电脑，在提供顾客服务上会产生问题。当它把销售模式改变为以邮寄订单为基础时，它的利润就又一次开始增长了。

戴尔站在服务与顾客满意的立场上进入市场，辅之以低于品牌形象的价格，同时通过许多渠道进行促销，最基本的渠道就是在个人电脑和企业出版物上做广告。为满足大公司客户的需要，戴尔还在一些主要的市场派驻销售人员。

戴尔的销售团队根据各自服务的市场的不同划分出不同的销售渠道：中小企业和家庭用户、公司客户、政府、教育机构、医药单位。每一销售渠道都有自己的市场、顾客服务和技术支持机构。这样的组织机构确保了每一位顾客最高的满意度，同时也保证了企业每天从顾客处得到直接的信息反馈。而其他通过批发渠道销售产品的个人电脑制造商就缺乏这样的优势，从而也就不能迅速地对市场的变化和服务的要求做出相应的反应。

戴尔的整个产品线通过电话进行销售，每个电话销售代表每年往往需要回答8000多个打进来的电话。除了回答顾客主动打进来的电话外，以奥斯汀为基地的销售人员还为同样从事销售活动的其他地区的团队成员提供咨询和支持。

销售订单一天内多次被传递给制造工厂，而且所有的软件系统都是为最大限度地满足顾客的需要而根据顾客的特殊要求量身定做的。

1991年后，戴尔在美国、英国、德国和法国开展的"顾客满意度"民意测验中一直名列前茅。戴尔的企业文化以业绩为导向并强调顾客满意。现在，戴尔的客户有70%以上已成为重复购买者，而且戴尔一如既往地关注顾客的满意度，这正是戴尔能够在强手如林、竞争激烈的个人计算机市场上站稳脚跟，并且快速成长的关键因素。

84. 杜邦定理：有63%的消费者是根据商品的包装来做购买决策的

◎内　容▶ 有63%的消费者是根据商品的包装来做购买决策的。

◎提出者▶ 美国杜邦化学公司。

俗话说："佛靠金装，货靠包装。"质量再好、设计再独特、功能再齐全的产品，若是没有良好的包装，也很难引起消费者的购买兴趣。毫无疑问，如果没有一流的包装，就不会有一流的价格。由此可见，包装的优劣程度与产品的售价高低和销售量多少是密切相关的。

很多企业的产品之所以销售得不好，并不是因为它们的质量和性能不好，而是因为它们太不注重"打扮"自己了。对于人们的购买决定，包装给人的感觉要比内容的好坏重要得多。若要让人对某种廉价酒赞不绝口，就应将其装在高级的酒瓶里。

包装作为产品外在的附加因素，是产品质量、档次的体现。另外，包装在一定程度上也影响消费者在使用产品之前对产品的印象。所以包装不但要准确地反映出产品的特色和定位，更要符合消费者的认知习惯。

微案例

榨菜产自四川一带，四川人用大坛装运，获利很少；后来上海人将其买入，改为中坛，获利见涨；香港人买入以后，以小坛出售，获利倍增；日本人更棋高一着，买入后破坛，切丝，装入用铝箔做成的小袋中，以高出成本一倍多的价格出售。与四川人相比，日本人赚的钱真可谓"翻了几番"。水泥，以前除了部分散装以外，大部分都是用纸袋包装，每袋 50 千克。出口时，单单流通环节中每年就损失约 450 万吨，约 4 亿元。推行集装袋成吨包装后，外商争着抢购，水泥大量出口，每年减少了损失 140 万吨，价值 1.4 亿元。

85. 麦吉尔定理：每一个顾客都用他自己的方式看待服务

◎内　容▶ 21 世纪需要的是无处不在的服务和不断完善的服务细节。谁拥有了顾客，谁就能赢得市场，就是市场的胜利者。

◎提出者▶ 美国罗思莱尔德风险公司前总经理 A. 麦吉尔。

现在，市场上的竞争如此激烈，以致企业几乎不可能完全依赖过去的成功经验来使客户始终忠诚于自己。事实上，竞争者会虎视眈眈并时刻准备抢走你的客户——甚至是你最忠诚的客户。

实际上，客户流转的情况在真真切切、时时刻刻地发生着。为了争取到更多的顾客，企业除了必须持续、一致地为客户提供高性价比的产品外，还必须为客户提供一流的服务。

成功的客户服务战略不会自动形成，它必须通过规划、执行、监控、调整才能日趋完美。为了创建成功的客户服务战略和与其配套的高效组织体系，企业需要明确并不断完善相应的管理流程，如此，企业才能在国内乃至全球范围内为客户提供优质的服务。

可以说，领导者应努力将"销售导向型"企业转变为"服务导向型"企业，这对企业获得长期成功来说是非常必要的。

微案例

英国航空公司在科林·马歇尔接任公司总裁之前，是一个非常糟糕的公司。它的员工大量流失，而且广大顾客觉得英国航空公司的飞机比较肮脏，纷纷转向那些规模小却有生机的竞争者，这使英国航空公司面临困境。

马歇尔的上任给英国航空公司带来了神奇的变化。马歇尔进行了改革，重新编组了英国航空公司的机群，并重新调整了公司资金结构以及员工薪金。对于马歇尔来说，最重要的改革就是要改变员工的观念，鼓舞他们的士气，恢复他们的信心。马歇尔的目标是要让英国航空公司成为世界上最优秀、最成功的航空公司。为此，马歇尔采取了两条措施：一是努力调动员工的积极性和提高工作人员的素质，二是开展"顾客第一"的培训活动。

为了给顾客提供更好的服务并挽留住顾客，只有提高员工的工作效率和工作热情。马歇尔认为，只有坚持不懈地向顾客提供优质服务，公司才能重新振兴。如何提供优质服务呢？马歇尔进行空间运输改革，他把膳食和饮料引进了区间运输线，让员工把飞机收拾得更干净整洁，让顾客可以在飞机起飞前买票订座，鼓励全体机组人员诚心欢迎每一位顾客，热情周到地为他们服务，他还不断地催促地勤人员提高飞机起飞的准点率。这些旨在通过鼓励员工达到提高服务质量的改革，取得了显著成效，许多离去的顾客又被吸引回来了。

马歇尔还开展了"顾客第一"的培训活动。首先，从顾客联络员开始培训，当时英国航空公司的全部（约 2.1 万名）联络员都投入到了这次"如何使顾客感到满意"的活动中。然后，培训活动扩展到公司的每个人。这些培训内容包括：大脑的功能、对压力的控制、身体语言以及正反两方面的思维等。为了让员工明白这种培训的重要性，马歇尔也参加了这些培训课程的学习。这种培训使公司员工学会了如何处理员工与员工之间及员工与顾客之间的关系，并且也认识到处理好这两种关系是同等重要的。

培训活动也带来了显著成效，英国航空公司不断有人想出新招来提高公司的服务质量和改善公司的形象。例如，在圣乔治节这一天，给每一位顾客送上一朵红玫瑰花。这些新举措，终于使英国航空公司摆脱了困境，在航空业界重新崛起，成为举足轻重的航空公司之一。

马歇尔的信条是：乘客是第一的、最后的，是一切的一切；一个航空公司好比一个汽车出租公司，只有提供比其竞争对手更好的服务，才会战胜对手。服务企业面临着三大市场营销任务，即提高竞争性差异、服务质量和生产率。

英国航空公司通过对员工进行培训，使公司员工学会了如何处理与顾客的关系，提高了员工的服务意识，使公司摆脱了困境。好的市场营销策略可以改变一个公司的命运。

86. 布里特定理：好酒也怕巷子深

●内　容▶　商品不做广告，就像姑娘在暗处向小伙子递送秋波，脉脉
　　　　　含情，只有她自己知道。

●提出者▶　英国广告学专家 S. 布里特。

"我知道我的广告费至少浪费了一半，但我不知道究竟浪费在哪里？"

说的是由于广告投放不当而造成巨大浪费的问题。投放广告时只有将钱用在"刀刃"上，才能使企业的每一分钱都发挥效用。

一般来讲，企业在准备做广告时，要结合当前与长远的发展战略目标做决定。首先，要确定广告的类型和选择适合的媒体。比如新产品上市时，为了吸引社会关注和打动经销商，就要考虑选择主流的财经媒介。如果要拉动终端销售，则应考虑选择目标市场的大众媒介，比如当地强势的电视节目、报纸。其次，要对同一类型的所有媒体进行评估，具体参考指标有：发行量、受众总量、有效受众量、受众特征、媒体本身的地域特征、广告的单位成本、广告时段等。

微案例

万宝路香烟是在美国问世的。当时，生产商菲利普·莫里斯公司明确把它定位为妇女使用的产品。可是，尽管当时美国的吸烟人数年年都上升，但万宝路香烟的销量却始终平平，菲利普·莫里斯公司为此伤透了脑筋。妇女们抱怨香烟的白色烟嘴常会染上她们鲜红的唇膏，红点斑斑，很不雅观。

菲利普·莫里斯公司就把烟嘴换成红色。可是，这一切努力并没有改变万宝路的命运，菲利普·莫里斯公司终于在20世纪40年代初停止生产万宝路牌香烟。

第二次世界大战结束后，过滤嘴香烟开始问世，美国的吸烟人数继续上升。菲利普·莫里斯公司认为时机已到，就把万宝路香烟配上过滤嘴重新投放市场。但是销量仍然不佳，吸烟者中很少有抽万宝路香烟的，甚至知道这个牌子的人也极为有限。

一筹莫展但又心有不甘的菲利普·莫里斯公司派专人带着"万宝路"这个难题来到著名的利奥·伯内特广告公司，向该公司的创办人伯内特先生请教。伯内特在当时的美国广告界已享有很高的声望，是广告界的几位著名的大师之一。他经过深思熟虑和周密的调查后，大胆向菲利普·莫里斯公司提出：让我们忘掉那个带脂粉香气的女子香烟，而用同一万宝路品牌创造出一个闻名世界的有男子汉气概的香烟来。

在伯内特和当时菲利普·莫里斯公司的总经理乔·卡尔曼的共同努力下，一个崭新、大胆的广告计划诞生了：产品品牌保持不变，包装采用当时首创的平开式盒盖新技术，并用象征力量的红色作为外盒的主要色彩；不再以妇女为主要的对象，而是用硬铮铮的男子汉，在广告中强调万宝路香烟的男子汉气概。伯内特创意的理想的男子汉也就是后来在万宝路广告中充当主角的美国牛仔形象：一个目光深沉，皮肤粗糙，浑身散发着粗犷、豪迈英雄气概的男子汉，将袖管高高卷起，露出多毛的手臂，手指中夹着一支冉冉冒烟的万宝路香烟。

这个以牛仔为主角、男子汉气概十足的万宝路广告问世后，原来不断滑坡的万宝路香烟销售量在 1 年后奇迹般地提高了整整 3 倍，万宝路从一个鲜为人知的牌子跃为当时美国 10 大香烟品牌之一。

利奥·伯内特公司在为万宝路找广告主角时，从来不用专业模特儿，而是经常派人到美国各处偏僻的大牧场物色真正土生土长的牛仔。万宝路要的不是十全十美的广告主角，而是真正具有男子汉气质、与万宝路品牌形象相符的美国牛仔。

87. 印刻效应：先入为主是人的一种心理反应

● 内　容 ▶ *"机会面前勇者胜"，任何行业早做都比晚做强，抢先做的人的优势会越来越明显，迟到者则很难进入已被占领的市场。*

● 提出者 ▶ *德国习性学家洛伦兹。*

新生事物出现之初都是冷点，但能看到冷点变化前景的人，就能抢先占领一个新的市场。"新""奇"容易成为人们的兴奋点，因此也往往被有头脑的人作为获取财富的切入点。商家的产品如果既"新""奇"，又确实更进步、更高明，那么商家无疑拥有了一个最"时髦"的赚钱机器。

所有的行业中都既有成功的人，又有失败的人。有悟性、肯钻研，在市场近乎残酷的竞争中，找到"夹缝"扎根，并且逐渐壮大，这是在行业发展中谋求市场制高点的不二路径。

市场的制高点，就是在同行业中谋求更好发展的一条捷径。对制高点，企业不仅要从产品的质量着手，还要注重其他各个环节，包括店铺位置、人气指数、员工素质、管理理念、销售渠道等，这样才能立于不败之地。

☼ 微案例

几年前英华经营的搬家公司倒闭了，揣着仅剩的 400 元，未来的"筷子王"第一次做起了筷子生意。对当时的他而言，这 0.1 元一双的筷子就是他全部的生计，抱定了这个信念，英华一点也不敢马虎。他舍近求远，从温州进了一批高质量的"卫生"筷子。他精心选择了比较高档的小区，突出了"卫生"的特点，没出半个月，这批筷子就售罄了。200 多元，是英华卖筷子的第一笔收入。从此，英华走进了筷子的世界。

不久，他注册了自己的筷子品牌专卖店，开办了当地首家筷子专卖店，并将店址选在热闹繁华的街上。卖筷子也搞专卖店？还在这寸土寸金的商业街上？面对很多人的不解，英华有着自己的打算：做什么都需要一个窗口来展示，这个窗口既能宣传又能赚钱。对这个地段，英华事先做过统计：店铺门前每天的客流量有 5000 多人，相邻的时尚店每天都有近千人进店，人气相当高，消费群也对路。虽然每月租金上万元高了点，但为了宣传也值得，因为这里所能带来的预计效益是惊人的。在专卖店产品的选择上，他决定先荟萃天下著名的筷子做展示，招揽生意并培养人们对筷子的兴趣。于是，他又马不停蹄地跑了全国几十个地方，采购了 1000 多个品种的精品筷子，既有 1 元一双的工艺筷子，又有 1500 元一套的纯银筷子。

没出一周，英华筷子店就被媒体盯上了。报纸、电视轮番报道，筷子店人气飙升。店里每天的客流量都保持在 1500 人左右。英华筷子店成了闹市上极具人气的店铺之一。2001 年国庆期间，筷子店一天的营业额就达到了 28 万元。从此人们认识了英华，接受了英华筷子；英华也拿到了打开本地市场的钥匙。如今，通过成功经验的不断复制，英华已经拥有了 6 家英华筷子店，每年的利润能达到 200 万元。从 1 家店，拓展到 6 家店，英华在本地很有名气，也把本地市场牢牢地抓住了。

英华很快发现，企业规模变大了，但销售量的增长速度却放慢了。不是因为英华筷子店的客源少了，而是因为英华筷子店缺少自己的产品，店里大部分都是外地厂商的筷子。这些厂商不仅在价格上控制他，而且经常将库存推到他这边，造成筷子店利润下降，企业发展遇到了瓶颈。英华意识到做产品不能一味模仿，也不能一味守旧，要做出自己的新东西，才能占领这个市场。不提高自己的筷子开发能力就意味着英华筷子店永远跟在别人后面。于是，他决定设计、生产具有浓郁东北特色的筷子来与各地的筷子同台竞技。

新筷子不仅东北韵味十足，选材也种类繁多，从木材到金属，再到骨头、水晶，应有尽有。为便于顾客选购，他将自己生产和从外地采购的上千种筷子分类，编写出独特的说明书，通俗地讲解筷子的故事，有"子孙满堂筷""长寿筷""情侣筷""生日筷""祝福筷""高升筷"等，还给有特点的筷子都加上了吉祥话，以投顾客所好，让顾客看得目不转睛、心花怒放。不到 1 年，英华就这样抢占了筷子市场，占据了此行业的制高点。

88. 莱斯托夫效应：特殊事物才易被人牢记

◉内　容▶ 产品定位是市场营销者制定企业整体销售策略的基础。

◉提出者▶ 苏联心理学家莱斯托夫。

企业产品及形象能否被消费者认同及喜好，很大程度上取决于产品定位。现在中国的企业在进行产品定位时，往往沿用传统的"产品观念"定位，即从"正面角度"出发。但市场经济发展到今天，产品间的差异日益减少，从正面诉求并不总能奏效，正面定位往往很难让消费者动心，很难占据有利地位。

反向思维方法是与正向思维方法相反的一种创造性思维方法，是指人们在思考问题时，跳出常规，改变思路，从观念的正常思维角度转到其他角度。

现代市场竞争是人们间的知识智慧的较量，反向思维不是简单的逆向思维逻辑，而是由经验、敏锐的洞察力以及准确的预测而得出的一种悟性。反向思维从传统营销思维的枷锁中挣脱出来，不再以平面的、静止的、单一的角度看企业与其利益相关者之间的关系，而是以立体的、互动的、多维的角度看待这一切。反向思维策略凭借焕发出来的魅力，被越来越多的营销主管用于竞争中。

微案例

蒙牛与伊利，同处西北边陲重镇呼和浩特，尽管蒙牛的诞生比伊利晚10多年，但蒙牛还是在短短的4年内奇迹般地长大，被商界誉为"成长冠军"，站到了可以与伊利相提并论的位置：现在蒙牛和伊利同属中国乳业四强，液态奶市场占有率蒙牛第一，伊利第二；冰激凌类产品伊利第一，蒙牛第二。

当蒙牛羽翼未丰的时候，它暂时收起了自己的野心，在品牌上，甘当老二，依附于伊利，借势于伊利。蒙牛通过"创内蒙古乳业第二品牌"的品牌宣传和"中国乳都"等概念的推出，巧妙地将自己的品牌与伊利捆绑在一起。

内蒙古乳业第二品牌的创意是这样诞生的：内蒙古乳业第一品牌是伊利，这事世人皆知。可是，内蒙古乳业第二品牌是谁？没人知道。如果蒙牛一出世就提出"创内蒙古乳业第二品牌"，就等于把所有其他竞争对手都甩到后边，一起步就"加塞儿"到了第二名的位置。这个创意加上蒙牛的实力，使蒙牛一下子就站到巨人的肩膀上。

蒙牛在宣传上一开始就与伊利联系在一起，它在广告中提出了"创内蒙古乳业第二品牌"；在冰激凌的包装上，它打出了"为民族工业争气，向伊利学习"的字样。与伊利紧紧地捆绑在一起，既借助伊利之名，提高了蒙牛品牌的档次和知名度，使双方利益具备了一定的共同点；又使伊利这个行业老大投鼠忌器，避免了其可能的报复性市场手段，因为此时伊利的任何报复性的市场手段都可能造成一荣俱荣、一损俱损的后果。

所以，不难看出蒙牛的高明之处就在于巧妙地处理与行业领导者——伊利的关系。蒙牛清醒地认识到，在羽翼未丰时是不能对行业领导者进行正面攻击的，需要厚积薄发，采用"甘当老二"的策略，可以在思想上麻痹伊利，尽可能地减少伊利对自己的敌视和抵制。犹如三国时的刘备，屈身曹操之处，韬光养晦，故作胸无大志、闻雷而掉箸，才能麻痹曹操，养精蓄锐，最后终成一国之主。

蒙牛开始以"追随者"的模糊面目进入市场，进入"老大"忽略的低端市场，发展同类产品中的低端产品，但实际这可以看作是迂回进攻的手段；一个时期后，在产品、价格、市场、传播等全方位上，蒙牛开始正面进攻。

1999 年，蒙牛实现销售收入 4365 万元，居全国同行业 119 位；2000年，蒙牛实现销售收入 2.94 亿元，是 1999 年的 6.7 倍，销售额居全国同业排名第 11 位；2001 年，蒙牛实现销售收入 8.5 亿元，是 2000 年的 3 倍，销售额居全国同业排名第 5 位；2002 年，蒙牛实现销售收入 20 亿元，销售额居全国同业排名第 4 位；2003 年，蒙牛已成为不仅包括利乐枕，还包括利乐包的液态奶全球产销量第一的品牌，其产品在国内许多城市已坐上领头羊位置。

蒙牛终于迎来了"牛气冲天"的那一天。

89. 阿塔维定律：带有新信息的广告标题，往往会有 比原来多出22%的人记住它

○内 容▶ 在广告无处不在的社会，消费者只能记住有限的信息，差 异化是吸引注意的最有效方法。

○提出者▶ 美国广告学家 D. 阿塔维。

你希望消费者掏钱，首先要让他们惊喜——通过一切可能的手段让他们惊喜，当然包括广告。孙子曰："凡战者，以正合，以奇胜。故善出奇者，无穷如天地，不竭如江海。"唯有与众不同，方可出奇制胜。

差异化广告是对品牌特质投资的主要方式。世界上优秀的公司都通过树立差异化的品牌形象形成了自己的核心竞争力，如奔驰的尊贵、沃尔沃的安全、宝马的"驾驶的乐趣"等。个性化使产品长寿，差异化的广告塑造品牌的个性，品牌长期共存的前提是广告的差异化。

广告是企业产品的窗口，广告使产品达到家喻户晓的目的后，应进行翻新，给顾客以新鲜感，从而吸引消费者更多地关注；否则，长期使用同一种广告画面，就可能使顾客产生厌恶心理，给销售带来反作用。因此，广告要翻新出奇，保持生命力，关键是要有好创意。

微案例

香港精英联邦公司为"诺基亚"手机做过一则有趣的广告。片中，欧式公园的椅子上，一名男子正在看报纸。突然电话铃声响了，但接电话的竟然不是这位男子，而是他左边的雕像；更令人惊奇的是雕像对着手机"喂"了一声后，居然将电话丢给男子右边的石雕像，还说道："你妈妈找你。"然后推出"诺基亚"的品牌名称等产品信息。

这则广告以如此出人意料的方式，让观众不由自主地"倾听"广告的诉说，"诺基亚"也由此在香港打开了手机市场。

江苏启东盖天力药业有限公司在做"白加黑"广告之前，实力并不雄厚。1995 年，该公司生产出一种新型的治疗感冒的片剂。为了打开销路，公司推出了一则极具震撼力的电视广告。

某一色彩艳丽的广告刚一播完，突然间，整个屏幕布满了"雪花点"。观众都认为是电视台的发射设备出了问题，不禁十分焦急，直到画面适时地出现字幕"感冒了……怎么……"才明白过来。接着屏幕上展示出该药片的包装：长方形盒子左半边是白底，右半边是黑底，药品名称"白"字位于白底一边，"黑"字则在黑底一边，"加"字被分割成两半，左边的"力"在白的那边，右边的"口"则位于黑的那边。左上角印上广告语："清除感冒，黑白分明。"其承诺为："白天吃白片，不瞌睡；晚上吃黑片，睡得香。"整个广告体现出清朗、明快的艺术风格。

该广告播出后，引起了观众的高度关注。1995 年该产品上市仅半年，营销额就突破 1.6 亿元，市场占有率达到 15%。

90. 欧弗斯托原则：说服一个人的时候，开头就不让他反对

◎内　容▶ 若一开始你就让对方说"是"，对方就会忘掉你们争执的事情，而乐意去做你所建议的事。

◎提出者▶ 英国心理学家 E. S. 欧弗斯托。

在说服他人的过程中，他人的一个否定的反应是你最不容易突破的障碍。当一个人说"不"时，他所有的人格尊严都要求他坚持到底。也许事后他觉得自己的"不"说错了；然而，当他考虑到宝贵的自尊时，觉得既然说出口了，就得坚持下去。因此一开始就使对方采取肯定的态度，是最重要的。

一位著名的棒球运动员，在球场上是一个他人难以攻破的堡垒；在某保险公司营销员的眼里也是一个难以攻破的堡垒。因为他对保险、投保之类的事，根本就不感兴趣。他对一个个喋喋不休的营销员很反感。

有一天，某位营销员上门了。与别的营销员不同的是，进门后，他没唱那些令人生厌的老调，也没有对保险的好处进行宣传，而是以一位相当在行的热情球迷的身份来倾听该棒球运动员大谈棒球。

他的倾听、他的插话、他的问题和那些简短的评论，都给这位职业球员留下了深刻印象。他被视为一位很有棒球运动员素养的同行交谈者。在一个适当时刻，营销员向球员提出了一个关键的问题："你对贵队的另一位投手利里夫的评价如何？"

"利里夫，正是有了他，我才能放手投球的，因为他是我坚强的后盾，万一我的竞技状态不佳，他可以压阵。"

"请原谅我打个比方，你想过没有，如果把你的家庭比作一个球队，你家庭里也有个利里夫。"

"利里夫，谁？"

"就是你。"营销员谈锋甚健，"你想想，你的太太和两个孩子之所以能'放手投球'，换句话说，能无忧无虑地生活，是因为有你，你是他们坚强的后盾和幸福的保证。所以你好比他们的'利里夫'。"

"你的意思是……"

"请你原谅我的直率，我是说，人有旦夕祸福，万一你有个不测，我们就可以帮助你'照顾'你的太太和孩子。这样，你就可以更放心地驰骋于球场上，绝无后顾之忧。所以，从这种意义上说，我们也是你的'利里夫'。"

至此，棒球运动员才想起他的对话者的身份，然而他已经被感动了，这笔生意当场就被拍板定案了。

91. 特纳论断：经营者如果没有惊人的绝活，
就只好和失败者为伍了

◎内 容▶ 胜利来自出其不意。最高明的行动，是别人想象不到的行动；最高明的策略，是出奇的策略。

◎提出者▶ 美国菲律宾矮人餐馆经理古姆·特纳。

军事上的"攻其无备"是指在敌人没有戒备的特定时间、地点等情况下对其突然实施攻击。这种突如其来的袭击能在军事行动上和心理上给敌方造成巨大的压力，从而使敌方在慌乱之中做出错误的判断，采取错误的行动，以至酿成更大的恶果。

对于企业管理者而言，要想做到攻其不备、出其不意，首先要做好分析工作，也就是说，要知道对手哪些地方准备充足，哪些是其薄弱之处。

市场的需求是不断变化的，当市场需求出现新的变化时，别人尚未想到你先想到；别人尚未看到你先看到；别人看不上眼的事，你能抓住不放，有所创新；别人尚未行动，你捷足先登。这样，你就能收到出奇制胜的效果。否则，你只能跟在别人后面，永远不会有领跑的机会。

微案例

有一位名叫威尔逊·哈勒尔的英国商人，20世纪60年代初来到美国定居，后来他购进了一家制造清洁液的小公司，开始经营一种名叫"配方409"的清洁液。到了1967年时，"配方409"已经占领美国清洁剂产品市场的5%，并且哈勒尔的公司获得了它的专卖权。

正当哈勒尔准备在美国全面扩展"配方409"清洁液的业务的时候，

突然遇到了一个强大的竞争对手——美国宝洁（P&G）公司。该公司实力雄厚，以其生产的"象牙肥皂"闻名美国。后来它又推出了"新奇"清洁液，使哈勒尔的"配方409"清洁液产品遇到了一次严重的挑战。

这一次，宝洁公司在"新奇"产品的命名、包装和促销方面，投入了比"象牙肥皂"更多的资金，进行了耗资巨大的市场调研，采取了声势浩大的攻势。它因为底子厚、资金充足，所以满怀信心要打败哈勒尔。但是事情不是绝对的，规模大也有它"不备"的一面。哈勒尔判断到宝洁公司会因为自信而不去密切注意自己的行动。于是他利用小公司灵活多变、行动迅速的特点，用"攻其无备，出其不意"的方法与宝洁公司周旋。

哈勒尔一方面以更换"配方409"的包装来迷惑对方；另一方面派出调研人员，四处搜索对方的情报。当他打听到宝洁公司将丹佛市选为第一个测试市场时，便充分利用小公司灵活的特点，把"配方409"清洁液在丹佛市的广告促销活动停了下来。当然，他并不是把货架上的货物全部搬走，而只是中止了一切促销活动。这样做，主要是防止被宝洁公司发觉，以便使后面的反击能收到"出其不意"的效果。

这一招果然奏效，"新奇"清洁液一时成为畅销货，宝洁公司试销组的成员大为高兴。消息传到宝洁公司总部，总部当即决定投放更多的"新奇"清洁液到丹佛市。

正当宝洁公司上上下下一片轻松时，哈勒尔果断地采取了行动。他趁"新奇"清洁液将大量涌入丹佛市时，展开了削价战，低价倾销他的"配方409"清洁液。虽然哈勒尔留在丹佛市的"配方409"清洁液不多，但是足以使爱占便宜的消费者一次性购买大约1年的用量，等到宝洁公司的"新奇"清洁液大量涌入丹佛市促销时，市场情况已经不再允许它高价销售了，即使它将价格降下来，也为时已晚。清洁液产品市场在相当长的一段时间内已经达到了饱和的程度，而"配方409"产品已被丹佛市市民认可并接受。

哈勒尔采用的是"攻其无备"的策略，先中止一切广告促销活动来迷惑宝洁公司，在宝洁公司没有防备的情况下，再出其不意地发起攻击，最终赢得了这场竞争的胜利。

92. 王永庆法则：节省1元等于净赚1元

◎内　容▶ 企业也要学会节俭，即降低成本，不断降低成本是企业管理的一项基本任务，因为企业的价值增值情况直接取决于企业成本的高低。

◎提出者▶ 台塑集团前总裁王永庆。

在现实生活中，我们大多看重的是财富的创造，对于节俭似乎不够注意，有时甚至认为这是小家子气。殊不知，节俭也是理财的一部分。学会节俭，也就学会了对财富的运用和创造。

许多人认为技术是核心竞争力，但有技术的企业不一定能成功。核心竞争力的关键在于企业在行业内的生产力水平是否具有比较竞争优势。所以，可以将核心竞争力理解为比较竞争优势。

事实上，最先发动价格战的总是那些具有成本领先优势的企业。在当前我国企业普遍缺乏核心技术、创新能力不够、产品同质化程度较高、价格竞争成为最普遍的手段的情况下，成本领先战略在赢得竞争优势方面的效果是明显的。

也许正是相中了这一点，神舟电脑在快速发展的进程中，把低价格作为最大的卖点。神舟电脑之所以价格低，是因为其将从研发到采购、生产、销售和售后等所有环节的成本控制都做得足够好，形成了总成本领先的核心竞争力。

降低成本是企业管理者的心头大事。低成本和高效益之间并非矛盾的，优秀的企业管理者总是能够凭借低成本获得高效益。

微案例

参观丰田工厂的人可以看到，它和其他工厂一样，机器一行一行地排列着，但有的在运转，有的没有启动。于是，有的参观者疑惑不解："丰田公司让机器这样停着也能赚钱？"

不错，机器停着也能赚钱！这是由于丰田公司创造了这样的工作方法：必须做的工作要在必要的时间去做，以避免生产过量的浪费，避免库存的浪费。

原来，不当的生产方式会造成各种各样的浪费，而浪费妨碍效能的提高、利润的增加。

丰田公司对浪费做了严格区分，将浪费现象分为以下七种：

（1）生产过量的浪费。

（2）窝工造成的浪费。

（3）搬运上的浪费。

（4）加工本身的浪费。

（5）库存的浪费。

（6）操作上的浪费。

（7）制成次品的浪费。

丰田公司是怎样避免和杜绝库存浪费的呢？许多企业的管理人员都认为，库存比以前减少一半左右就无法再减了，但丰田公司就是要将库存率降为零。为了达到这一目的，丰田公司采用了一种"防范体系"。

以作业的再分配来说，几个人为一组干活，一定会存在有人"等活"之类的窝工现象。所以，丰田公司对作业进行再分配，减少人员以杜绝浪费。

但实际情况并非如此明显、简单，多数浪费是隐藏着的，尤其是被丰田人称为"最凶恶敌人"的生产过量的浪费。丰田人意识到，在推进提高效率、缩短工时及降低库存率的活动中，关键在于设法消灭生产过量的浪费。

为消除这种浪费，丰田公司采取了很多措施。以自动化设备为例，为使各道工序经常保持标准手头存活量，各道工序在联动状态下开动设备。这种体系就叫作"防范体系"。在必要的时刻，一件一件地生产所需要的东西，就可以避免生产过量的浪费。

在丰田生产方式中，不使用"运转率"一词，全部使用"开动率"，而"开动率"和"可动率"又是严格区分开的。所谓"开动率"就是，在一天的规定作业时间（假设为 8 小时）内，有几小时使用机器制造产品的比率。假设有台机器只使用 4 小时，那么这台机器的"开动率"就是50%。"开动率"这个名词表示为了干活而转动的意思，倘若机器单是处于转动状态即空转，即使整天开动，"开动率"也是零。

"可动率"是指在想要开动机器和设备时，机器能按时正常转动的比率。最理想的"可动率"是100%。为此，必须按期进行保养维修，事先排除故障。

由于汽车的产量因每月销售情况的不同而有所变动，"开动率"当然也会随之而发生变化。如果销售情况不佳，"开动率"就下降；相反，如果订单很多，就要长时间加班，有时"开动率"为100%，有时甚至会达到120%或130%。丰田完全按照订货量的多少来调配机器的"开动率"。将生产过量的浪费减少到最低，就出现即使机器不转动也能赚钱的局面。